一個中國平民詩人的天命

王學忠詩的社會關懷

陳 福 成 著

文 學 叢 刊
文史哲出版社印行

國家圖書館出版品預行編目資料

一個中國平民詩人的天命：王學忠詩的社會關懷 / 陳福成著. -- 初版 -- 臺北市：文史哲出版社, 民 111.07
頁；　公分--（文學叢刊；463）
ISBN 978-986-314-611-7（平裝）

1.CST：王學忠 2. CST：新詩 3. CST：詩評

851.486　　111010435

文學叢刊 463

一個中國平民詩人的天命

王學忠詩的社會關懷

著　者：陳　福　成
出版者：文　史　哲　出　版　社
http:// www.lapen.com.tw
e-mail：lapen@ms74.hinet.net
登記證字號：行政院新聞局版臺業字五三三七號
發行人：彭　正　雄
發行所：文　史　哲　出　版　社
印刷者：文　史　哲　出　版　社
臺北市羅斯福路一段七十二巷四號
郵政劃撥帳號：一六一八〇一七五
電話886-2-23511028・傳真886-2-23965656

定價新臺幣二六〇元

二〇二二年（民一一一年）七月初版

ISBN 978-986-314-611-7　　10463

自 序：一個中國平民詩人的天命

——王學忠詩的社會關懷

住在河南省安陽市的詩友、素有「中國平民詩人」稱號的王學忠，多年來我以他的作品為研究對象，曾有過兩本初淺的閱讀成果出版。

《中國當代平民詩人王學忠》，台北：文史哲出版社，二〇一二年四月。

《王學忠籲天詩錄》，台北：文史哲出版社，二〇一五年八月。

近兩年來，我又零零碎碎閱讀、並深入思考與筆記王學忠的新作，探索他數十年來詩所表達的核心思想（或精神）是什麼？我突然有悟，原來「社會關懷與批判」，是他幾十年來一以貫之的堅持。他「繆斯與戰士的結合體、用真情寫、為人民寫詩、哀民生之多艱、站在社會風口寫詩」（引王詩），這是一個中國平民詩人的天命。

本書從社會關懷與批判切入，閱讀學忠近年這些新詩作品，深受感動，他的天命從未改變、永不動搖。期待，以王學忠的詩心，與所有中華兒女接心。

台北公館蟾蜍山 萬盛草堂主人 陳福成 誌於

佛曆二五六五年 西元二〇二二年六月吉日

一個中國平民詩人的天命
——王學忠詩的社會關懷

目　次

第一章 螻蟻之死

古諺：「螻蟻尚且貪生，為人豈不惜死。」這是一句鼓舞人們愛惜生命的諺語，不要輕生，天無絕人之路。無論多麼艱困的關頭，只要能夠轉念求生，就必定可以找到一條新的生路。

一切生命的本能都是求生，絕無求死之事。唯一的人類是例外，人類因有思想、理念、意識上的堅持，會出現很多「主動求死」的狀況。例如烈士、殉國、殉教、拒降犧牲等，這時的死，死有重於泰山。

但王學忠這首〈螻蟻之死〉，尚未走進內容之前，就讓我想到很多層面的問題。從最高最寬廣的通視來看，看古今中外人類歷史演化的這五千年來，似演述著「眾生皆螻蟻」的事實，在許多統治者眼中，人民皆如螻蟻。除非統治者有強烈的「仁政」信念，人民便不是螻蟻，統治者有愛民之心。

古今中外能行「仁政」者極稀，在「適者生存」的西方世界，基本上未曾有過所謂的仁政。在「新冠病毒」全球大擴散這兩年，西方各國更體現了「人民如螻蟻」思想，因病毒而死的都是弱勢者（黑人居多）和老殘等，而領導階層或中上層都是白人，利用病毒淘汰老弱（多死一些黑人），好維持白人的政權和利益。因此，兩年來的新冠病毒流行，美國死亡人數已超過一百萬，歐洲許多國家死亡都上看數十萬。慘啊！但統治者不在乎！人民如螻螞，尤其那些特定族群，在白人政府眼裡，螻蟻也不如，無數的「螻蟻」，「非自動性」的被搞死了！可以節省很多預算。這是西方各「民主」國家，白人統治階層不能說的秘密，也是一種極為邪惡的陰謀。

只要生而為人，絕無任何人會自願被當成「一隻螻蟻」。，任意接受死亡判決。只有被迫、被動、被忽視，而陷入無力求生的困境，最終如「螻蟻之死」，叫人無限感傷。美國新冠病毒死掉的一百萬人、王學忠這首詩中的六條人命，其死皆如「螻蟻之死」，死的沒有人的尊嚴，死的沒有價值！死的冤枉！新冠死的是被統治者當成螻蟻，王詩中六人是被「不堪貧困」逼成螻蟻。二者有什麼差別？都是如螻蟻之死！讓人感傷垂淚，這世間許多無解又無明的命題，何其多！盡被王學忠看到，被我想到。

幾千年人類的戰爭史，無數人死得連螻蟻也不如。遠者不提，光是二戰，前蘇聯大約死三千萬人，我們中國可能更多，而發動侵略戰爭的倭國更險些亡國亡種。回顧那些歷史，多少人如「螻蟻之死」？

人類歷史發展很詭異，有時候你是不是「人」？不是你自認為是便是，而是人家說是才是。人家從政治、宗教和權力「判定」，說你是「人」你才是人；判定你不是人，你便如動物、螻蟻等，可以任意捕捉來屠殺。

十五世紀，歐洲白人開始大規模佔領美洲，並大量屠殺原住民，原因之一是原住民不被承認是「人」類，可以捕而殺之。十六世紀初，教皇亞歷山大六世（Alexandre VI），甚至頒下諭旨可以「合法佔領新世界」，在「印第安商務局」主持下，合法將「印第安人當做戰利品來瓜分」。（註一）教皇是當時西方社會政教最高統治者，等於從政治和宗教判定印第安人「不是人」，只是一種「戰利品」。因而無數印第安人，如螻蟻之死！

但印第安人終究是「人」。一五一九年時，有一位預備教士拉斯卡沙斯（B.de Las Casas）與主教柯維多（Quevedo），在剛登基的皇帝查理坎（Charles Quint）御前辯論，柯維多的結論是「印第安人是低等動物」，拉斯卡沙斯則反對，認為印第安人也是「人」種。

教皇也積極干預此事，到了一五三七年，教皇保祿三世（Paul III）終於頒下聖旨，「承認印第安人是人類」。（註二）而此時，許多美洲原住民已如螻蟻之死，死於不被承認是「人」類之一種。

美洲原住民雖從一五三七年開始，被基督教世界的白人判定是「人」，惟此後白人也沒有停止屠殺原住民。直到十八世紀美利堅建國，在他們的憲法宣稱「人生而平等」。但美國開國「英雄」，傑弗遜、華盛頓、林肯，都以販賣黑人和屠殺原住民成為「豐功偉業」，成為「開國英雄」，說是「民主典範」，這是多麼顛倒！現代世人皆信之，人是多麼的無知！多麼容易被洗腦！

二〇二二年，地球依然不安，數百萬人死於新冠病毒，台灣地區死亡也已一千多人。而俄烏大戰仍在開打，美國要利用烏克蘭人命來弱化俄國，同時打「台灣牌」，利用台灣人命引爆武統，削弱中國並制壓我國發展。在美國領導階層眼中，其本國弱勢者和黑人皆螻蟻，烏克蘭百姓和台灣人亦螻蟻，只能利用於強權鬥爭。

可悲可痛的是台灣的領導階層，也就是台獨偽政權，竟也自願當美帝走狗，成為圍堵自己祖國的砲灰。戰爭一開打，多少台灣人（含筆者在內），可能瞬間如「螻蟻之死」。從對治新冠病毒的心態和兩岸關係的態度，已經驗證，在蔡英文心中，台灣人只是一隻隻螻蟻，一種政治利益而已。她何時能悟到，她也是炎黃子孫，台灣人也是中國人，不是螻蟻！

從遙遠的宇宙看地球，似乎這「小球」上的眾生，「皆如螻蟻」，讓我感受到生命的渺小。但在我心中，祖國中國是偉大的，因五千年文明文化，因地大物博，因有十四億親人同胞；在我心中，活著的十四億中國人都是我炎黃子孫同胞。因此，我不捨有一人如「螻蟻之死」，我相信王學忠和我同樣心情，才會寫出〈螻蟻之死〉這樣的詩，這是詩人沉痛的呼聲。現在把王學忠的詩，完整抄錄如下。（註三）

螻蟻之死（組詩）

題記：新京報消息：二〇一六年八月二十四日下午，甘肅省康樂縣景古鎮阿姑村山老爺彎社，28歲村婦楊改蘭，不堪貧困，用農藥殺死了四個親生孩子和自己。在鎮上豬場打工的丈夫李克英趕來，將一家五口葬埋後，也喝農藥自殺……

少婦楊改蘭

「虎不食子」
你卻害死四個親生孩子
而後又害了自己
讓人痛心不已
痛恨不已

恨你！用撲簌簌的淚恨你
攥緊的拳恨你
恨你！恨你！
痛定思痛
只能用無奈的詩思
探尋你28載
心路軌跡

改開三十餘
富豪一哄而起
百萬、千萬、數億
上通天下通地
皆呼風喚雨
男崽劍橋留學
女娃華盛頓為妻
你卻一字不識
家徒四壁

常言說「人窮志短」
人微話聲低
你不該學著富人的樣子
嫁人後生兒育女
弄得足下四子

這個喊「冷」
那個叫「飢」
巧婦難為無米炊
你怎能為之
有人說村主任抹掉你的低保
是顧全大局
抽你家灶裡的柴
是為添他人缸裡的米
窩窩頭不大
要分著吃

于是，沒了低保的你
難為無米炊的你
才毅然決定：
此處不留人
自有留人處

帶上四個孩子
一塊兒奔了西

不！也許你的匆匆西去
緣于昨晚那個夢
夢中先富起來的是你
豪車豪宅豪紳
美元美酒美食
天天都是好日子
醒來後，事不宜遲
拉著四個孩子的手
駕鶴西去

唉，你的決然離去
使隴南那塊貧瘠的土地上
五個鮮活的生命戛然而止

讓人唏噓不已
驚嘆不已……

丈夫李克英

誰言這個世界分清濁
錯！錯！錯！
黑白真偽
全由強者說
弱者是皮鞭下的陀螺

馬克思說：
「雇工的薪水
須養活自己及妻兒」
李克英起早貪黑
累死累活
卻眼瞅著一家老小

飢寒交迫

那天，你在忙活
有人送信來
說家裡降大禍
匆匆趕到時
四個孩子已死三個
妻子與八歲大女兒
正在醫院搶救
不久，又死兩個

回家路上
你拉著一輛板車
五具尸體
昔日希冀、夢想
瞬間泯沒

你想了許多
叢林法則
英特耐雄納爾
不！早已是遙遠的傳說

當今社會
有錢能使鬼推磨
沒錢不能活
你埋怨自己沒有金剛鉆
偏攬來瓷器活兒
人家夫婦養一個
你逞強生四個
弄得一個也沒活
還讓妻兒受那麼多折磨

俗話說：

「沒有過不去的坎
爬不上的坡」
正當年的你
血氣方剛的你
竟翻了車
還壓死了妻兒

懊悔何用
你什麼也沒說
帶上鐵鎬、鐵鍬
頭也不抬地挖呀、挖呀
一個、兩個……六個
葬埋了一家五口
再掏出農藥
咕嚕、咕嚕
倒在親人旁側

一陣風兒吹過
樹上的腐葉
一片、兩片……六片
從天空墜落

大女兒八歲

真不忍心批評你
可思來想去
還得再說幾句
常言道「窮人家的孩子早當家」
你都八歲了
仍未頂天立地
弄得三個年幼的弟妹
照你媽媽編織的夢
一路奔了西

不！這又怎能怪你
一個八歲的孩子
別人家正煞費心機
學而優則仕
你想的卻是
怎樣用自己的能力
讓弟妹不再挨餓
媽媽不再長嘆短噓

那篇〈假如〉課文
你一直記心裡
「假如我有一支
馬良的神筆
我要給樹上的小鳥
畫許多好吃的穀粒

鳥媽媽再也不用
到遙遠的地方去尋食
讓小鳥呆在家裡
苦苦等待、餓得哭泣」

是呀，你一直期盼
有一支馬良的神筆
在你家土屋窗前
畫一個紅紅的太陽
讓弟妹們「在冬天
快活地成長
不會在寒冷的北風裡
縮著身子嘆息」

然而，馬良的神筆
竟遙遙無期

你恨狠心的媽媽
貧窮無助的媽媽
迫不及待去做那個夢
在另一個部分人先富起來的國度
爭得了第一
于是，事不宜遲
先讓弟妹喝下農藥
躺在山溝裡
又來催你

按說你不該相信媽媽的夢
什麼爭得了第一
分明是走投無路時的自慰自娛
畢竟，你們楊家
皆一字不識
唯你小學三年學歷

看著媽媽那凶狠的樣子
執拗的樣子
不得不端起農藥瓶
咕嚕、咕嚕
隨弟妹而去

仲夏的陽光
懶洋洋照著大地
一只鳥兒匆匆飛過
幾只小鳥緊隨其後
到遙遠的地方去尋食……

雙胞胎姊弟

有句話叫：
「生不逢時」
錯矣！用在你倆兒身上

沒選對肚皮
剛過五歲生日
便死在了山溝裡

央視有檔節目
「雙胞胎比才藝」
從兩歲到十幾
對對雙雙
花花綠綠
站了一台子

這對兒小姊妹
一曲〈霸王別姬〉
把個愛江山也愛美人
演繹的風柔雨急
那對兒小哥倆兒

反串〈今天又是好日子〉
呀呀咿咿
引得台上台下掌聲不息

人生幾次抉擇
莫過選肚皮
歌星的肚皮
貴婦的肚皮
富婆的肚皮
肚皮與肚皮
命運相隔十萬里

據說精子與卵子相遇
造個雙胞胎
機率九十八分之一
龍鳳男女更低

你倆兒活蹦亂跳
一對兒姊弟
讓多少家庭垂涎欲滴

然而，卻生不逢時
選錯了肚皮
被貧窮的媽媽
謊稱農藥是果汁
哄騙你倆兒
咕嚕、咕嚕
才同年同月同日生
便同年同月同日死……

三歲小女兒

你才三歲
一棵小草剛發芽便枯萎

不！你是一個人
才咿呀學語
便做了鬼

懵懵懂懂出生
糊里糊塗做鬼
像一只西裝鷄
還沒看清
日光、月輝
便進了食客的胃

真的，你還很小
小得光知道吃睡
一點兒不會
為爸媽分擔愁滋味
不懂怎樣駕馭

這兩極分化
光怪陸離的社會

不懂英特耐雄納爾
怎樣與「市場」接軌
有的人轎子裡調情
有的人轎杆下喊累
上海迪士尼樂園人頭攢動
一條龍服務
早已超英趕美

真的，你什麼都不懂
從出生到三歲
一路淚相隨
爸爸的淚
媽媽的淚

姊姊的淚
哥哥的淚
還有你的淚

你才三歲
像一朵花兒剛吐蕊
便懵懵懂懂
跟著媽媽、姊姊、哥哥
一起含著淚
做了這個世界的新鬼

這是一首很長的組詩，共約二百多行，就詩論詩，也是極深刻的「故事詩」（悲劇）。詩語言的運用保持數十年來，王學忠詩的特色，韻味和口語，適合中下層廣大的群眾閱讀。但我主要從社會問題、社會關懷來看這首詩，詩中顯露很多訊息，可以給主政者（尤其基層的鄉鎮村里）和社會工作者，參考和改進。

第一、像李克英這一家人的案例，已經是「赤貧」階級，照理說已經要列入救助的對象，通常會有公權力（縣以下）和民間關懷團體，分頭進行救助和輔導，使這一家人脫離苦難，大人小孩都能正常生活。但明顯的看出，這些都沒有做，事後縣、鎮、村、社是否進行檢討改進。只要有改進，這家人就不算白死了，因為他們「死諫」的問題得到解決了。

第二、「有人說村主任抹掉你的低保／是顧全大局。……于是，沒了低保的你／難為無米炊的你／才毅然決定……一塊兒奔了西」。這說明直接的死因，是村主任「抹掉你的低保」，村主任就是「直接兇手」。何謂「低保」？可能是保費很低的險，為何低保會被村主任「抹掉」？是否涉及不法？這是「嚴重的社會大案」，是否有徹底的調查和處理？

第三、「黑白真偽／全由強者說／弱者是皮鞭下的陀螺」「雇工的薪水／須養活自己及妻兒／李克英起早貪黑／累死累活／卻眼瞅著一家老小／飢寒交迫」。二○一六年，我們中國早已是世界第二大經濟體，而且大力執行「脫貧」政策，這就證明「問題還多」，脫貧也可能下面執行不力。命案發生後，應該也有政策上的檢討改進，如今事隔六年，現狀不知如何？

第四、「當今社會／有錢能使鬼推磨／沒錢不能活」。這是古今中外的硬道理，恐怕走遍天下一個樣。但只要不太嚴重、不太功利，都能以平常心看待。我清楚明白，大陸經過文革的傷害，可能要經過百年才能復原。畢竟，社會也好，人生也罷，不能全部用錢衡量一切，何況「中國式社會主義」，是要建設合乎中國文化的社會主義「禮儀之邦」。中國發展的道路，不能走上西方「適者生存、不適者淘汰」的資本主義社會，那不是人的社會，那是禽獸社會。（《進化論》所述，只適用人以外的生物，不能用於人類社會。）

第五、「回家路上／你拉著一輛板車／五具尸體……葬埋了一家五口／再掏出農藥／咕嚕、咕嚕／倒在親人旁側」。從這些過程看，命案發生後，應該只有公安、調查單位，因職責介入處理。未見有社會輔導人員、民間志工團體或村里服務等機制啟動，進行「全程、完整」的協助和陪伴。這些機制如果有所作為，李克英最後可能不致於一定要尋死。

第六、一個社會是不是「人的社會」，人的社會就是溫馨、互助和成熟社會，不是「有錢能使鬼推磨」的社會；其標準就是前項說的這些機制有無和作為。一個溫馨成熟的社會，必有很多志工、義工，在社會各角落，無條件無薪資為有需要的人服務。很可惜，從這首詩的情節來看當地的社會，可能還需要時間，成熟本來就需要經過漫長的時間教育和學習。

第七、「這兩極分化／光怪陸離的社會……上海迪士尼樂園人頭攢動／一條龍服務／早已超英趕美」。數十年來，「超英趕美」，可說是許多中國人的夢，如果只在某些領域（如高鐵、基建、量子、超高電腦、人造太陽），我們中國已經超英趕美。就以整體經濟實力，不出幾年也超越美國。但我擔心我們的超英趕美，同時也造成社會的「兩極分化」。

王學忠詩說的「兩極分化」，就是指社會貧富的兩極對立，中間沒有「中產階級」，這是西方資本主義社會發展的常態和必然。英美各「民主」國家都極為嚴重，美國有約四千萬人靠救濟過日子，都是兩極化問題，極少數資本家和富豪，掌控多數財富，使多數人淪入貧窮，乃至赤貧。這就是資本主義社會無解的習題，除非改邪規正，走社會主義道路。

所以「兩極化」在理論上，不會出現在社會主義國家，社會主義追求「社會正義」，在制度上本有防止兩極化的機制。最近我看一個報導，大陸的中產階級已有四億人，這表示大陸的經濟社會沒有「兩極化」問題。但也因貧富差距比以往大，也開始有人擔心會造成兩極化，包含王學忠的詩也這樣了。我對祖國的發展有信心，我們中國人一定能克服這些問題，全面走向小康社會。

東西方歷史、文化、思想、制度的不同，統治階層對自己人民的心態也不同，從這次新冠病毒流行，東西方不同處理態度得到證明。歐美各國最後「與毒共存」，就是淘汰老弱（不能說的陰謀），視人民生命如螻蟻。以美國為例，三億的人口數死一百萬人，淘汰一百萬弱勢老病，對白人統治階層有利。

如果中國也開放「與毒共存」，相同的死亡率，可能要死五百萬人，這會是災難。現在中國的統治階層，比較接近儒家的「仁政」理念，仁民愛物，不捨一人，每個子民都是寶。所以習近平主政以來大力「脫貧」，且將要邁向「小康」社會，但地大人多，政策也不可能全部完美無缺，這個「螻蟻之死」的慘案，我仍以個案視之，不會因這個個案，就否定了全部或全面建設的努力。

千古艱難唯一死，不論烈士赴義或窮困跳樓，決心要向「死路」前進，都是極艱難下的決心和勇氣。螻蟻沒有這種決心和勇氣，李克英和楊改蘭一家六口，是對他們所處環境的死諫，對無法改變的不堪貧困，進行死絕的抗議。他們死後，這裡的環境應有了改變！

以現在中國領導階層的施政理念，一者富國強兵抵抗西方霸權（主要美國）干預，二者邁向小康全民富起來，三者重建國際新秩序。在這樣理念下，每一個中國子民都是寶貝，不應有任何一人如螻蟻，這就是我們老祖宗推行數千年的「仁政」。

在中國的土地上，唯一讓我覺得「生如螻蟻」，未來也可能如「螻蟻之死」，是位在神州邊陲的台灣島。這島內的二千多萬人，從大漢奸李登輝宣揚台獨思想，三十年來年輕代大多中毒，現在的「蔡英文偽政權」更嚴重，情願當美國圍堵吾國之砲灰，萬一引來戰火，二千三百萬人瞬間成了「死螻蟻」。祖國王師，何時快來救救這島上，未死之螻蟻！

註釋

註一 法蘭斯瓦·戴豐泰特（Francois de Fontette）原著，《種族歧視》，王若璧譯。（台北：遠流出版事業股份有限公司，一九九〇年十二月十六日），詳見第二章第一節。

註二 同註一。

註三 王學忠，《愛的深沉》（北京：團結出版社，二〇一八年十二月），〈螻蟻之死〉，頁三—十四。

第二章　社會主義或資本主義

按照資本主義私有制、市場經濟等理論，只有以資本主義為核心價值的民主制度，最能創造財富，社會才有經濟動力。但現在中國是世界最大貿易國、有最完整工業體系國，且是世界第二大經濟體，幾年後就超過美國，可能會有兩個美國的經濟實力，這是美國專家自己的評估，不是筆者大中國心態在吹牛。

因此，英美西方列強無限恐懼，不斷宣傳「中國威脅論」，中國強起來了，有經濟力必有軍事力。到底現在中國姓「社」或姓「資」？或二者都有，在王學忠的現代詩有不少這方面質疑（或探索、批判），這章和下章透過他的詩，稍作梳理，當成一種交流。這一切問題的源頭，要從咱們中國人近代的苦難說起。

咱們中國人近代的苦難，可以有標誌性的從鴉片戰爭開始。此後的一百多年，「中國往何處去？」「中國要建立何種國家制度？」困擾中國人一百多年，君主立憲制、全盤西化制、中體西用制、西方政黨政治、三民主義、馬列共產主義、社會主義．．．嚴格的說，這一百多年，中國人是迷失的，「忘了我是誰？」，一個國家、民族之人民，忘了根，失了本，就一切都完了！完蛋了！

直到有一個智者出現。他說：「不論白貓黑貓，會捉老鼠就是好貓。」又說：「檢驗真理最好的方法，就是實踐。」於是他帶領著大家，「摸著石頭過河」。他，就是鄧小平同志，偉大的改革者，帶領著現代中國人找到正確方向，尋到根、找到本，有明確的國家方向，人民有了未來大願景。

一九七八年十二月，小平同志在中共「十一屆三中全會」裡，逐步闡述其路線、方針和政策。一九七九年三月，他在「理論工作務實會」上，首次提出要「走出一條中國式的現代化道路」，他說：「現在搞建設也要適合中國情況，走出一條中國式的現代化道路。」（註一）

至一九八二年九月，中共召開「十二大」，鄧小平在開幕致詞時說：「把馬克斯列寧主義的普遍真理同我國的具體實踐結合起來，走自己的道路，建設有中國特色的社會主義，這就是我們總結長期歷史經驗得出的基本結論。」（註二）從此以後，「有中國特色的社會主義」或「中國式社會主義」，算是確定了中國的發展方向，制度和政策才有了「改革開放的大目標」。

那麼，「中國式社會主義」的核心內涵又是什麼？「中國式」是一個大前提，也就是要合乎中國的歷史文化，適合中國人民用，成為社會主義強國。「團結全國各族人民，自立更生、艱苦奮鬥，逐步實現工業、農業、國防和科技現代化，建設成高度文明、高度民主的社會主義強國。」（註三）這是中國基本國家目標的定調。

有了國家基本目標，才有改革開放的政策調整。同在一九七八年的中共十一屆三中全會，鄧小平提出「對內改革、對外開放」、「解放思想、實事求是」之國家戰略指導方針。一九九二年鄧小平南巡，進一步將「改革開放」確立為我們中國的基本國策。

從一九七八年至今（二〇二二年），四十四年了，這中間還有很多重大政策的調整。例如初期的「計劃經濟」，到一九九三年轉變成「社會主義市場經濟」，並寫入《中華人民共和國憲法》。此後，改革開放逐漸成為「中國式社會主義」的重要組成部分。

四十多年的改革開放，中國產生翻天覆地的改變，筆者與十四億中國人都是見證者。單從人均GDP看，一九七八年是一百一十五美元，二〇二一年達到一萬二千五百五十一美元，國際上出現「中國模式」的發展道路，甚至有「制度優勢」的評價。

二〇〇五年十月十九日，我中國國務院發佈《中國式民主政治白皮書》，向全球宣告另一種中國民主政治典範。這是「中國式社會主義」的里程碑，在這大動亂、西方邪惡列強反撲中國的廿一世紀，只有強大的中國，才能確保人民生命財產之安全，維護國家領土主權，才是「中國夢」的完全實現。因此，我視「中國式社會主義」的理想，是我們中國五千年來，難得出現的「理想國」（註四），早已超越漢唐。

但，大家也都知道，人世間現實裡不存在完美事物，真正的理想國是不存在的，中國式社會主義的推行也不是完善完美。也是出現很多問題，如貧富差距擴大、城鄉不平衡、環境污染等，在王學忠的詩提到更多問題。二〇二一年，中共發表《關於黨的百年奮鬥重大成就和歷史經驗的決議》中，不諱言改革開放帶來一系列問題需要改善，但基本國策和政策方向是正確的。

在我所讀過王學忠十多本詩集，可能有一千多首現代詩，絕大多數有強烈的社會反省、社會批判，都是改革開放過程中，在姓「社」或姓「資」之間人民的真實感受。在王學忠所主編的二〇二二年第一期《工農文學》，他的卷首語〈詩人要說真話〉一文，有一段話這麼說：「如果想要做一個詩人，就應該摒棄謊言，心無旁騖說真話，不為名利所動、不為虎狼所屈，襟懷坦白、愛憎分明，

歡樂著人民的歡樂，憂患著人民的憂患，做人民的孺子馬、孺子牛。」（註五）

這便是我心中「中國平民詩人王學忠」的形象，賞讀他的詩：（註六）

不要均我

題記：鳳凰網財經訊：某官員在達沃斯論壇演講時稱，中國人均可支配收入已達八千美元，約五萬零六百元人民幣。

像一枚搖曳的蘋果
又像一支動聽的歌
甜甜、蜜蜜
似乎垂手可得
讓每一個賈府的焦大們
激動不已
不知所措……

興奮、狂熱
怎麼也不敢相信
好事兒會從天而落
古時候有倆兒壯士
李順、王小波
也曾弄過均貧富説
只是不久
便被咔擦聲陰陽兩隔

天上不會掉餡餅
誰會均銀子于我？
轎夫與老爺
自古兩股道上跑的車
一個享盡榮華富貴
美酒、美食、美色
一個抱著乾癟的肚皮喊餓

讓我百思不得其解的是
此刻為我要均我？
是良心的發現
慷慨施捨
還是弄個均貧富的數據
虛晃一槍
掩蓋肆無忌憚的掠奪

其實，兩極分化
早已至懸崖應立即剎車
有的一次嫁女
狂擲七千萬
精英滿座
有的飢寒交迫
一家六口

慘死黃土高坡
一邊奇峰聳秀
挺拔巍峨
一邊溝壑萬丈
深不可測
你依然是你
我照舊是我
請不要均我……

在經濟學上有所謂人均ＧＤＰ或ＧＮＰ，都是衡量一個國家人民平均所得和經濟規模的指標，有嚴謹的定義和算法，非本文談述之範圍。我等一般人，只要了解前面提到的，一九七八年人均ＧＤＰ才百餘美元，二〇二一年就一萬多美元，表示中國人民從「苦日子」變成「好日子」。人有了錢，才敢做夢，才全民勇於追求「中國夢」，追求富國富民強兵的理想。

但是，當一個社會許多人富有了，卻是「一邊奇峰聳秀／挺拔巍峨／一邊溝壑萬丈／深不可測／你依然是你／我照舊是我／請不要均我……」。如是，這便是嚴重的貧富差距兩極化，一個社會兩種世界，這不是中國文化所述「仁政」之社會，也不是中國式社會主義所要建設之社會。按詩人之意，「其實，兩極分化／早已至懸崖應立即刹車」，只是不知如何「刹車」，大陸貧富差距拉大，是近幾年常見的新聞。

幸好，從二〇二一年中共發表《關於黨的百年奮鬥重大成就和歷史經驗的決議》，執政者警覺到這些問題的嚴重性，必會尋求改善之道。我身為「生長在台灣的中國人」，只能祈禱全中國盡早達成「全面小康」，實現〈禮運大同篇〉的理想，神州大地沒有一個窮人。賞讀王學忠另一首詩：（註七）

62個與36億

題記：埃菲社倫敦二〇一五年十一月十八日電：「人道主義救援組織樂施會，就全球的不公平日益加劇情況，發出警告，稱世上最富有的62個人擁有的財富，與最貧窮的半數人口（約36億）的財富相當……」摘自新華社〈參考消息〉，二〇一五年十一月十九日。

兩個數字
簡單、神奇
（實為怪異）
打了「部分人先富起來」的臉
撕了「普世價值」的皮

一多一少
一高一低
62個享樂天堂
36億掙扎地獄
拉大的貧富差距
像山峰高聳的雲端
溝壑深不見底

市場經濟

民主法制
不過是編了個狼和羊的故事
純粹花言巧語
目的很明確
將羊吃進肚子裡

地球一個村
WTO
經濟共同體
如一副枷鎖
鎖住了一個窮苦的階級
未見刀槍血跡
已無數人頭落地

62個與36億
數字神奇、怪異

讓人禁不住想起
瓦特・泰勒
巴士底獄
冬官的炮火
巴黎公社的紅旗……

不得不說，這是一個驚悚的訊息，事情驚悚，詩亦驚悚「鎖住了一個窮苦的階級／未見刀槍血跡／已無數人頭落地」。結尾時，暗示貧富差距嚴重失衡時，苦難的人民會起來革命造反，推翻統治者。

詩不是針對我們中國，但中國也在其中，我們自己國家也有貧富差距太大的問題，只是歐美的嚴重是我們中國的好幾倍。全球最嚴重是美國，很多人可能不知道美國的中產階級已經消失了，總人口中只有富豪和絕對多數的窮人。再加上種族歧視嚴重，社會治安敗壞，所謂自由、民主、人權，全是假相，都是鬥爭工具。

但這詩對大陸也是警示。因為詩提到市場經濟和ＷＴＯ，我們是二〇〇一年加入ＷＴＯ（世界貿易組織）。為什麼世界貿易組織會成為「一副枷鎖」？這可能需要更宏觀的研究，才能知道為什麼會「鎖住一個貧窮的階級」，不知道大陸學者看法如何？給詩人一個交待。

「市場經濟」，是西方以資本主義和民主政治架構下，所謂私有制、自由放任的經濟制度。這種制度欠缺人性和社會正義，不適於照搬來中國使用，按「中國式社會主義」戰略指導，我們改良成「社會主義市場經濟」。因此，那種完全純西方資本主義的市場經濟，應是不會、也不能在中國大地出現。賞讀〈部分人富起來〉。（註八）

部分人富起來
古今中外早已存在
還頗受青睞

有了坐轎子的
不愁沒人抬

目標設計好了
步伐要豪邁

百萬富翁
千萬富翁
億萬富翁
不過一碟兒小菜

抓住機遇
時不我待
平等、平均、平權
烏托邦觀念、思維
須統統摒棄、丟開

目標明確、明白
大門豁然洞開
百萬富翁
千萬富翁
億萬富翁

冲啊，踏著與時俱進的節拍……

這是一首很健康的詩，好像改革開放的總工程師鄧小平同志，高舉起信號槍，「砰！」一聲，大喊「改革開放」開始！全體中國人就「冲啊，踏著與時俱進的節拍……」。百萬富翁、千萬富翁、億萬富翁……都一一出現了。以正常手段追求財富，不是罪惡！

我心中忖思著，詩人王學忠為什麼沒有成為千萬、億萬富翁，或至少百萬富翁也好？（這個問題包含筆者也在自問自省）。原因有二：自古以來的詩人都不善經營生意和人際關係，詩人也不是「職業」，詩也不是「商品」，所以詩人窮。其次古來有謂「詩窮而後工」，就是詩人要陷於窮困，才有經典傳世。因此，自古以來當詩人，就註定過「平淡」乃至貧窮的日子。詩人的「真性情」不能當大官，也成不了大事業，他們的「春秋大業」，就在他們的詩作中，賞讀〈理想與夢幻〉。（註九）

風馬牛不相及
竟拉郎配般

扯一起
弄混了碧潭清溪……

其實，理想非夢幻
如同馬不是驢
儘管有時
也像海天相吻的弧線
可望不可即
卻是科學的設想
只要不懈努力
一定能夠
消滅私有制
窮人告別號寒啼飢
富人不再窮奢極侈

而夢幻

只是橋腦在睡眠中
發出的訊號
荒誕離奇
比如古時候
有個秀才在槐樹下歇息
夢中中了狀元
娶了皇帝的女兒為妻
天天花天酒地
醒來後
依舊一貧如洗

理想與夢幻
如同馬不是驢
切忌想入非非
誤他人也誤自己……

「改革開放」到底是理想還是夢幻？相信永遠沒有一種可以「全民皆共識」的論述。暫且就這麼說：凡是已經成為百萬、千萬、億萬富翁及已經成為中產階級的四億人，是理想，而且這個理想已經達成。這部分人是改革開放的成功組，也是改革開放的受益者。

成功組以外，尚有近十億人，對他們而言，一切有如秀才在槐樹下做了中狀元的夢，醒來依舊一貧如洗。當然，現在也不可能十億人都「一貧如洗」，否則改革開放必然要「剎車」。比較合理的說法，經過「脫貧」政策的努力，中國現在至少仍有半數人口，生活在「貧窮線」上一點，不算貧窮，但日子能過。

至於「赤貧」，即一貧如洗、一無所有，在「理論」上，中國應該是沒有了。而在現實裡鐵定還有（如一無所有的流浪漢，我不信神州大地沒有一個，只要有一個，就是有。）因為從地球有史以來的國家，從來都沒有百分百、完全的消滅貧窮，請佛祖當總統也做不到！

這首詩提到「只要不懈努力／一定能夠／消滅私有制／窮人告別號寒啼飢／富人不再窮奢極侈」。這是一個理想的世界，有如西方極樂世界那樣理想，會在地球上出現嗎？私有制能消滅嗎？請看下章分解。

註　釋

註一　鄧小平，〈在理論工作務實會上的講話〉，《鄧小平文選》（北京：中國人民出版社，一九八三年七月），頁一四九。

註二　鄧小平，〈十二大開幕詞〉，同註一，頁三七二。

註三　胡耀邦，〈全面開創社會主義現代化建設的新局面〉（北京，人民日報，一九八二年九月二日）。

註四　陳福成，《找尋理想國——中國式民主政治研究要綱》（台北：文史哲出版社，二〇一一年二月）。

註五　王學忠，〈詩人要說真話〉，二〇二二年第一期《工農文學》，北京工農文學編輯部出版。

註六　王學忠，〈不要均我〉，《愛得深沉》（北京：團結出版社，二〇一八年十二月），頁二四—二六。

註七　王學忠，〈62個與36億〉，同註六書，頁三九—四〇。

註八　王學忠，〈部分人富起來〉，同註六書，頁八九—九〇。

註九　王學忠，〈理想與夢幻〉，同註六書，頁九一—九二。

第三章　私有制是萬惡之源嗎？

地球有史以來，真正完善、完美、成功的消滅私有制，實踐徹底的公有制，也就是完完全全的共產主義社會生活理念，是佛教的「僧團」，據說西方中世紀的修道院也是。

以台灣的佛教五大道場，慈濟、中台山、佛光山、法鼓山、靈鷲山，每一座山都極大且富可敵國。但僧團內所有出家人皆「貧僧」或「貧尼」，沒有一分錢是個人私有，一切都為宏法利生，沒有一絲私利私有觀念。這是筆者所親身經歷所見（筆者亦佛光會員），相信分佈在全球各處（含中國地區）也是，可能是現代地球上唯一的「共產主義社團」。

而在國家方面，自從馬恩共產主義開始流行，一九一七年前蘇聯革命成功後，帶動不少共產國家建立，一九四九年後的中國、東歐、越南、北韓、古巴，都宣稱要推行共產主義，要消滅私有制。但，做不到就是做不到，真要硬幹下去，可能只有一個結果：全民共貧、國家崩潰、政權垮台！

在西方最早提出要消滅私有制，實行共產主義，是柏拉圖（Plato,427～347.B.C），他的名著《理想國》（Republic，亦譯共和國），就是一部建設理想的共產主義國度之企劃書。這種徹底消滅私有制的共產社會，經由實行三種政策得以實現之。（註一）

第一、實行「共妻制度」，按柏氏之論，人有了妻子，就有了你的、我的區分，這是人有私心的源頭，所以要打破家庭、婚姻制度。沒了婚姻制度，一切都是共有，「共妻共夫共子女」，人人不知誰是我夫，誰是我妻，誰是我子女？則人人不為私，只有公共利益、國家利益，是謂理想國。

第二、消滅私有制、實行共產制。私有財產是人有私心的第二個源頭，各人有了私產，就有你我之物的爭奪，大家都為私利而爭，國家社會就會亂。做到「共妻、共產」之後，人人為公，住公共宿舍，在公食堂進餐，各盡所能，各取所需。

第三、優生政策與國家教養。這是前兩項的配合，優生政策由國家統制之，選優配種，女子從二十到四十歲，男子三十到五十五歲，須為國家生育，小孩從出生到長大都由國家教養，不知父母，只知為國所用。

這種「理想國」能否在人間實現？按柏氏自言，如果哲人做了帝王，或帝王有了哲人素養，理想國就能實現。換言之，除非政治與哲學融合為一，國家決不會沒有罪惡，人類更決不會沒有罪惡。只有哲人出來秉政，消滅私有制，理想國就誕生了。

從哲學家的消滅私有制，到我國古代九流十家，都有對私心私利的批判，可見私有制確實就是「罪惡」。我們每天在地球上任何地區、國家，都能耳聞或見到無數大小罪惡的產生，有很多極可怕、恐怖，貪污犯法、財殺情殺，罪惡到了極點。難怪詩人痛恨私有制，到底什麼是私有制？後面再述，先賞讀王學忠這首詩。（註二）

私有制是萬惡之源（組詩）

題記：新華社七月二十七日電：公安機關已對長春長生公司生產假狂犬疫苗案立案偵查，刑事拘留了該公司董事長高俊芳等十六名涉嫌犯罪人員。另據悉，這次假疫苗案之爆出，是因為內部不和，員工出於報復而舉報……

序　幕

謊話說得再美、再多
嘴皮子說破
扮成美女還是蛇
把真理關進黑屋子裡
依然光芒四射
「私有制是萬惡之源」
乃世間真諦
顛撲不破

破蛹成蝶

歷史書上
記載了許多良醫
扁鵲、華佗、皇甫謐
藥到病除

救無數死亡線上的病人
化險為夷
不！救人於危難的
不僅是良藥
還有良心、良知

「長生生物」原是一家國企
全民所有制
不屬於那個個體
開放、轉型
改公為私
年利潤三千多萬
一夜姓了私
先前的人民公僕
變成私企老板兼總經理

古時候變戲法
要制作許多道具
如今公變私
只需披一件改開外衣

部分人先富起來的圖畫
任憑自己繪制
空手套白狼
自賣自買
人民的銀子
嘩啦啦流進個人錢袋裡

疫苗女王

不論蜂王、猴王
還是牛魔王
權威不可小覷

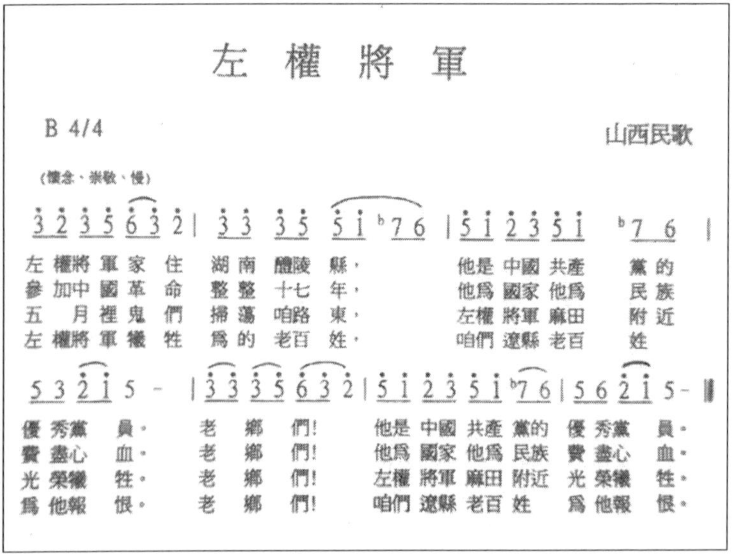

(懷念、崇敬、慢)
左權將軍家住湖南醴陵縣，他是中國共產黨的優秀黨員。老鄉們！他是中國共產黨的優秀黨員。
參加中國革命整整十七年，他爲國家他爲民族費盡心血。老鄉們！他爲國家他爲民族費盡心血。
五月裡鬼們掃蕩咱路東，左權將軍麻田附近光榮犧牲。老鄉們！左權將軍麻田附近光榮犧牲。
左權將軍犧牲爲的老百姓，咱們遼縣老百姓爲他報恨。老鄉們！咱們遼縣老百姓爲他報恨。

都能稱霸一方

長生生物的老板
當今疫苗女王
在長春、東北
不！在華夏大地
皆如賣糖葫蘆的敲鑼
響噹噹
公元二〇一六年
以六十七億元身價
再登福布斯中國富豪榜

生產菌苗、疫苗
絕非小作坊
用黃豆、綠豆磨豆漿
是商品又非商品

既能水中暢游
也可天空翱翔
疫苗女王神通廣大
權威與能量
在牛魔王之上

計畫與市場婚配
權力和私欲同床
商場亦戰場
各路大王、小王
利用各自的權術、法術
偷香竊玉
暗度陳倉
為各自利益博奕忙

狂犬惡狗

狂犬，惡狗矣
古時有之
現在亦有之
二郎神的狂犬
曾咬住孫悟空大腿不放
痛其翻來滾去
譚四滾子的狂犬
將雷鋒撲倒
咬得鮮血淋漓

從古至今
浩繁一卷狗史
記載了各式樣狂犬

今與昔
斑斑劣跡
卻幾無咬傷後
（或經歷三、五載潛伏期
突然暴斃的案例）

當資本綁架了權力
二者合而為一
便處處皆商機
說是就是不是也是
晝幾個燒餅便可充飢
昔日惡狗之惡
成為聞之喪膽的瘟疫

泱泱華夏大地
老人、孩子、婦女

皆驚恐之
愛之又怕之
不注射狂犬疫苗於體內
惶惶不得寢食

制假售假

馬克斯是資本的天敵
火眼金睛
透過外邊的皮
可看到骨子裡

他說資本來到世間
每個毛孔
都滴著血
和骯髒的東西
為百分之百的利潤

不惜踐踏法律
為百分之三百的利潤
不怕被絞死

江山易改
搭上資本主義末班車的
中國新興資產階級
貪婪的本性難移
每時每刻
都花費心機
等待「致富」良機

以最小的投入
謀取最大的利益
制假、售假
渾水摸魚

是資本本性使然
狗改不了吃屎

其實，狂犬只是個符號
全戲的楔子
倘若一旦被咬之
突然暴斃
如同買彩票中大獎
野雞飛到飯鍋裡
機率極低

東窗事發

馬王堆出土的古蓮子
兩千多年後意外發芽
重慶奇女趙紅霞
用身體做誘餌

使一批貪官撲騰撲騰落馬
在坊間傳為佳話

狂犬疫苗造假
東窗事發
原本機率很低、很低
卻因運氣不佳
不！此事怪不得他人
乃炮彈炮管爆炸

也可說內訌
自相殘殺
白骨精終究現原形
暴露光天化日下
使固若金湯的制假堡壘
轟隆一聲坍塌

説是偶然也必然
風箏飛得再高終會落下
多行不義必自斃
樂往哀來
至今熠熠放光華
一輛資本主義末班車
跌入了山崖

尾聲

紅豆生在南方
胡楊是沙漠的脊梁
蒼蠅不叮無縫的蛋
資本主義社會
是滋生制假、售假的溫牀
什麼樣的植物

適應什麼樣的土壤
芽孢菌在一百二十度高溫下
才會死亡……

從第二章〈社會主義或資本主義〉，到本章的核心詩述，基本上都是詩人對資本主義、私有制等造成的諸多罪惡，表達強烈的反對和不滿，用詩語言給予嚴重批判。這樣的作品有「詩史」的作用，歷史上少有的「強烈的社會關懷作品」，會流傳下去，不光對現在的統治者（各階層）有警惕作用，也讓後世的人，知道吾國在改革開放過程中，出現過什麼問題！

就像杜甫，他用詩記錄所見，「朱門酒肉臭，路有凍死骨」；換成王學忠的詩說「有的一次嫁女／狂擲七千萬／精英滿座／有的飢寒交迫／一家六口／慘死黃土高坡」（〈不要均我〉）。沒有強烈的社會關懷，都寫不出這樣的作品，王學忠可能是杜甫轉世吧！二人都同樣「歡樂著人民的歡樂，憂患著人民的憂患，做人民的孺子馬、孺子牛。」尤其是關懷著最底層社會的貧苦人們，為貧苦人們吶喊、籲天！伸張正義！

整首詩先揭發罪惡，進而痛批罪惡，最後終於樂觀的終結了罪惡，「多行不義必自斃／樂往哀來／至今熠熠放光華／一輛資本主義末班車／跌入了山崖」。那些「制假售假」的黑心企業經營者，現在應已在「無間地獄」服刑，求出無期啊！

在〈尾聲〉也有強烈的暗示，「紅豆生在南方／胡楊是沙漠的脊梁……什麼樣的植物／適應什麼樣的土壤」。即是說，西方那些所謂人權民主、資本主義、私有制等，不能照原樣搬來中國用，必須先進行「本土化」改良，也就是要適合中國的歷史文化、國情和人民的需要。我相信，我們中國的領導班子、專家學者們，一定會深思熟慮這些問題。

誠如柏拉圖所說，「國家決不會沒有罪惡，人類更決不會沒有罪惡。」柏拉圖要消滅私有制，推行共產主義，就是要徹底去除人類罪惡之源頭「私心」，理想國才會在人間出現。可惜二千多年了！不論在西方或中國，始終沒有出現「理想國」，因為私心私利、私有制，根本不能完全消滅，它又是「罪惡」，又是「一隻看不見的手」，推動著人類歷史前進。

經濟學的鼻祖亞當史密斯（**Adam Smith**, 1723～1790），他的名著《國富論》，成為資本主義的「聖經」。其全部的理論基礎，就是建立在人的私心私利上，有四個重要法則（甚至鐵律）：㈠私有財產、㈡利己主義—看不見的手、㈢自由放

任、㈣競爭與自由市場。（註三）

亞當史密斯在《國富論》一書中描述「一隻看不見的手」的奇妙。他認為，如果人們都追求自身利益，不受到政府干涉，就會如同被一隻看不見的手推動，使整個社會都獲得最大利益。

史密斯寫道，我們之所以有晚飯吃，並非由於屠夫、酒店、麵包師的好心，而是他們關切自己的利益。我們不必談他們有什麼人道精神，而應談他們自己的利益，是「利己」之心，驅使人們進行生產。這「一隻看不見的手」，成為推動歷史前進的手，推動英美各資本主義帝國，稱霸地球二百年，「西方沒落」雖已踏上不可逆之不歸路，五十年内仍不會落盡，仍有能力霸凌小國。賞讀另一首也是私有制造成的問題。（註四）

他們流淚爬行

題記：澎湃新聞網二〇一六年四月七日消息：吉林省白山市某私企，為殺一儆百，強迫十餘名未完成銷售任務的男女員工，在鬧市區雙膝跪地，沿著人行街道爬行，引來眾多市民圍觀……

心裡像打翻了五味瓶
不忍目睹呀
一個偉大的階級
才站起來不久
又跪地爬行

才記得
那一年的十月
天安門上紅日升
「中國人民從此站起來了」
「人民萬歲」
響徹萬里雲空

如今主人變雇佣
市場經濟

改制、轉型
特色社會主義理論
一副巨大的枷鎖
鎖住了億萬人民的脖頸

白山不大
諾大中國的縮影
坐在寶馬車裡的私企主
用蘋果手機
指揮著一個倒下的階級
流淚爬行

白山的春天好冷
太陽被裹得一層層
一群昔日的主人
跪在地上

痛在心中……

這首詩也有強烈的暗示和深刻的批判。透過一個私企的問題，直白批判私有制的違反人性尊嚴，批判市場經濟、特色社會主義造成的問題，使「一群昔日的主人／跪在地上／痛在心中……」。總之，私有制就是一切罪惡的源頭，地球上如果真有一國能消滅私有制，建立「理想國」，我第一個移民加入該國，相信王學忠也會移民前往，我倆仍是同胞。

「中國人民從此站起來了」，是一九四九年九月二十一日，毛澤東在「政治協商會」會議開幕所講一句著名的話，其全文約三千多字，以〈中國人民站起來了〉為題。（註五）這篇講詞也宣佈中華人民共和國成立了，中國人從此站立起來了！

「一個偉大的階級／才站起來不久／又跪地爬行」。這可嚴重了！毛主席說「站起來了」，因吉林省白山市這家私企的惡行，一個偉大的階級「又跪下去了」。這是全民的罪人、全中華民族的罪人！

更嚴重的，「坐在寶馬車裡的私企主／用蘋果手機／指揮著一個倒下的階級」。這裡有強烈的暗示，私企主象徵外國勢力，廣大的中國人民群眾受制於外國的黑心企業主。是這樣嗎？我們中國人要警覺了！不論有無，詩人有這樣的感受。

經濟學有一個「幸福公式」如下。（註六）這個公式有三種可能的詮釋，代表個人幸福感的升降。

幸福公式

$$\text{個人幸福}=\frac{\text{物質財貨}}{\text{消費慾望}}$$

第一、當慾望不變時，幸福和財貨成正比：財貨增加，幸福隨之增加，財貨下降，幸福也隨之下降。

第二、當財貨不變時，幸福和慾望成反比：慾望下降，幸福增加，慾望上升，幸福下降。

第三、當財貨和慾望一起增加時，如果財貨增加速度大於慾望增加速度，幸福仍增加；反之，財貨小於慾望，幸福就會減少。

私心就是個人慾望的擴張。聯合國每年有「幸福快樂調查」，那排名前端的幸福之國，都是落後小國，強大的資本主義帝國，人民大多不快樂，痛苦指數高。

人的私心不可能完全沒有，慾望也不可能歸零。因此，私有制不可能全部消滅，只能設法節制之、改良之，我們中國人聰明，以「社會主義市場經濟」為規範，只能祈禱減少罪惡，給最多數人有最多的幸福快樂。

註釋

註一 薩孟武，《西洋政治思想史》（台北：三民書局，民國六十七年六月），第一篇，第二章。

註二　王學忠，〈私有制是萬惡之源〉，《愛得深沉》（北京：團結出版社，二〇一八年十二月），頁五一—五八。

註三　高希均，《經濟學的世界》上篇（台北：天下文化出版股份有限公司，一九九一年元月三十一日），第二章〈市場經濟〉。

註四　王學忠，〈他們流淚爬行〉，同註二書，頁三四—三五。

註五　毛澤東，〈中國人民站起來了〉，《毛澤東選集》第五卷（北京：人民出版社，一九七七年九月），頁三—七。

註六　同註三，上篇，第八章。

第四章　底層人民何時出頭天？

所謂「底層人民」，指的是在社會基層以勞力換取工薪，以維持生活或養家活口的勞苦大眾。像這樣底層人民有多少？沒有正式的統計或研究資料，很難說多少！但鐵定是有，因為我從十年前看王學忠的詩，寫的都是底層勞苦大眾的代言者，因而有「平民詩人」美名。

十年過了，大陸改變很多，尤其在「脫貧」政策的推行，據說讓幾億人脫離貧困。不過中國因地大人眾，人口多達十四億，我相信叫神仙來當主席，也不可能百分百全部脫貧，全部都進升「中產階級」。生活困苦的人們，相信還是不少，這章幾首詩寫的都是，十多年來王詩的風格始終如一，賞讀一首為低端勞動者的吶喊。（註一）

由驅離低端勞力想到的

題記：人民日報海外版載文，〈超大城市咋調控人口〉，文中作者建議：為減輕城市壓力，應將從事體力勞動的「低端勞力」部分驅離……

好個餿主意
骨子裡滿滿的
對窮苦階級的鄙視、仇視
暴露無遺……

驅離低端勞力
卸磨殺驢
如同裝修屋子
工程結束

房主驗收、簽字
做工的扛起鋪蓋卷兒
哪兒來哪兒去

當今城市
需有風度、規矩
情致、韻致
銀行、證券、保險
稅務、公安
與市府大廈鱗次櫛比
紳士、淑女
皆「遍身羅衣」

坐轎子的是老爺
抬轎子的是伙計
比例如何計算

古人殉葬法可學習
「天子殺殉
眾者數百
寡者數十
大夫、將軍殺殉
寡者數人
眾者數十」

野豬雖在動物保護之列
繁殖過快
也要捕之、殺之
當今城市使用低端勞力
更須科學管理
保安、保姆
小二、廚子
俗話說「雞多不下蛋」

應召之能來
揮之則去

驅離低端勞力
又使我想起一段往事
一群泥腿子
奪回了印把子
他是國家主席
你是工人大哥
我是農民兄弟
都是勞動人民一份子

國家、工廠、土地
全屬於自己
黨委辦公室裡
人民大會堂裡

與共和國主席、總理
一起共商國是
啊，何等揚眉吐氣……

以出賣勞動力換取生活生存條件的「低端人口」，是任何社會、任何年代、任何城市必然存在的一群勞苦大眾，這是「金字塔」結構的一部分。從有人類社會形成以來，就有的「結構性」存在，因為不可能人人都成為朝廷上的高官，也不可能人人都打領帶、穿西裝，坐在企業大樓裡吹冷氣、和「小秘」喝咖啡談心。太陽下揮汗勞動的累活，總得有人幹。誰幹？是以前被稱「尊貴」的階級叫「工人」，現在被叫「低端」勞動者。

「工人」以前是很受尊重的，「工農兵」就是「無產階級」的象徵和代表，所以是尊貴的階級，這是一個不正常年代的不正常社會。時代走到廿一世紀，中國社會要回到「正常、平常」的社會，只有不同工作的區別，而在法律上、心理、精神上，人人都是平等，不論是主席、總理或街頭掃地的，都要受到同樣尊重。如此，職業無貴賤，各行各業都受尊重，才是正常的社會，才是有中國文化水平的社會。

因此，寫了〈超大城市咋調控人口〉一文的作者，所建議減輕城市壓力，應驅離「低端勞力」。這個作者有嚴重的階級意識和族群歧視，不得不說是個大壞蛋，也可能中了美帝中情局的毒，陰謀要分裂中國社會，或故意製造社會動亂。難怪王學忠要寫詩批判，我也要為中國人民伸張正義批判那位作者。賞讀另一首。（註二）

像是在做夢

題記：新京報快訊：二〇一六年三月十六日，四川省閬中市人民法院在閬中市江南鎮召開公開宣判大會，對「惡意討薪」民工張某、戚某等八人，以妨礙公務罪進行宣判。

像是在做夢
心針扎似的痛
站起來了的人們

又跌入血泊、泥坑
當年公審地主、資本家的地方
是一群民工

手銬鋥亮鋥亮
太陽冰冷冰冷
公審大會莊嚴、隆重
坐在討薪民工對面的
是欠薪老板
和他們的衙門弟兄
荷槍實彈的武警
一個挨一個
皆怒目圓睜

記得六十多年前
也是這樣的場景

乍暖還寒的三月
天上的太陽暖融融
白毛女、高玉寶聲淚控訴
如風嘯雷鳴
黃世仁、周扒皮
聳拉著腦袋
像敲響的喪鐘
那場面，好振奮啊
一個窮苦的階級擰成一股繩

如今的四川閬中
時過境遷
公審對象
由地主、資本家換成了民工
我的心針扎似的痛
想起王斌余、周秀云、馬永平

一串討薪民工的名字
被血浸紅的名字
在頭頂、天空
瀰漫著血腥……

讀這首詩的第一個感覺是驚訝，在我老故鄉（我是四川人）怎會發生這種事？已經是廿一世紀第十六年了，怎麼還有「公審」？任何人有罪無罪，按法律程序由法官判決。所謂「公審」，基本上是政治活動，或是一種「政治清算」，早該廢除了！

再說，工人為老板做工，老板發薪本是一種「約定行為」，老板不發薪水，是違法、違約，更是不道義行為。工人討薪天經地義，如今成了「惡意討薪」，還要判決工人有罪。這是什麼世界？這是現在的中國社會嗎？就算個案也要受強烈譴責，不知該案後續如何？一個生長在台灣的中國人，對本案表達關心，也關心四川老鄉們。

這首詩也揭發了嚴重的官商勾結，「坐在討薪民工對面的／是欠薪老板／和他們的衙門弟兄」，老板欠薪已經違法，還可以和衙門的官爺稱兄弟，還有什麼

黑心事幹不出來？應該列入習主席的「打貪」對象。再續讀下一首也是討薪民工。（註三）

討薪民工麗麗

題記：公審會場莊嚴、隆重，八個討薪民工六男二女，其中一個叫麗麗的還不滿二十歲……

公審如公祭
八個討薪民工
一群男男女女
獻給「和諧」的祭禮

富人用錢投資
鷄生蛋
蛋生鷄

日子過得花天酒地
窮人維持生計
靠賣力氣
誰知竟觸犯了綱紀

像項羽無顏見江東父老
麗麗頭垂得很低
想起電視劇裡
被公審的王婆、康小八
肉割得一片一片
在萬人的唾棄中
痛苦地死去

公審在繼續
武警手握鋼槍
怒目而視

麗麗抖若篩糠
想一死了之
只是放心不下
病牀上的爹爹
如何度日

三十年河東
三十年河西
沒王字旁的里
念里卻不是理
閬中公審會場內外
「嚴打」討薪民工的標語
鋪天蓋地……

麗麗等八個民工，都是底層勞苦的人民大眾，像這樣的民工在大陸應該不少。「民工」一詞在大陸各大小城市，曾經是很熱門的一群人，我相信也有混得很好的，有的甚脫離民工身份，自組公司，也成為不小的企業主，成了「富人階級」。他們深悟「鷄生蛋、蛋生鷄」的道理，因而成為富人。

但「鷄生蛋、蛋生鷄」的道理簡單，能夠加以巧妙運用，還得看主觀的機運和關係，加上客觀的市場環境。所以，想要致富其實不容易，筆者曾經深入研究這個問題，出版一本《范蠡致富研究與學習》。（註四）給想要致富的人參考運用，就算不能致富，也可以脫離「底層勞苦階級」，也算「出頭天」。

這首詩也點出了一個「政策性」問題。「公審如公祭／八個討薪民工／一群男男女女／獻給「和諧」的祭禮」。眾所皆知，「和諧」是大陸多年來重要的政策，就是希望維持一個「和諧的社會」，但不能因此而不嚴辨犯罪者，就會生出更多問題。這是詩人深切關心的社會問題，詩人感同身受，「心針扎似的痛」，賞讀〈是誰使我們分離〉。（註五）

那是個開天辟地的日子
「中國人民從此站起來了」
一群遭鄙視的窮苦人
掌握了印把子

組成一個階級
堅不可摧的銅牆鐵壁

我是工人
你是農民
他是國家主席
都是人民的勤務員
所做的一切
為了人民的福祉

人有福兮禍兮
「讓部分人先富起來」
撕裂了那個平靜的日子
公有改私有
近水樓台先得月
管他姓社還是姓資

高樓萬丈平地起
百億、千億
一夜暴富的精英
中國的比爾蓋茨
昨天的黨委書記
今兒個的董事會主席

黃世仁、周扒皮
比比皆是
每個毛孔都流淌著骯髒的東西
工人淪為雇佣
這刻不知下刻的命
失去農民顛沛流離

唉，一個諾大的階級

分崩離析
有的榮華富貴
有的一貧如洗
原本一個整體
是誰使我們分離

從第一章到本章，王學忠不離一向的創作風格，都有強烈的社會關懷和批判，這源自他對「詩人」的使命感，因而能看到社會的黑暗面，以悲天憫人的情懷，看待社會底層勞苦的子民。我想，這是他的天命吧！

這首詩可視為四十多年改革開放以來，整個過程的社會觀察。一開始回顧一九四九年「中國人民從此站起來了」，到改革開放前，那個「無產階級的年代」，全民不論貧富一起吃「大鍋飯」，窮苦人「掌握了印把子」。在詩人心中，這可能比較接近理想國吧！因為工人、農人和國家主席都是平等的勤務員。

然而，好景不常，「讓部分人先富起來／撕裂了那個平靜的日子／公有改私有……原本一個整體／是誰使我們分離……」。我想，這就叫改革「陣痛」吧！就如女人生產，新生必經的陣痛，或說陣痛是一種「社會代價」嗎？天知道吧！

詩中提「比爾蓋茨」。讓我想起這位富豪說過的一句話，他說：把現在地球上的富人錢財，與全球窮人平分，在相同條件下大家同時努力，二十年後，富豪還是原來的富豪，窮人還是原來的窮人。

是這樣嗎？那「低端人」豈不永遠是低端人，底層的勞苦大眾永遠沒得出頭天。如是，姓「社」或姓「資」，有何差別？

註　釋

註一　王學忠，〈由驅離低端勞力想到的〉，《愛得深沉》（北京：團結出版社，二〇一八年十二月），頁二二七—二二九。

註二　王學忠，〈像是在做夢〉，同註一，頁四一—四二。

註三　王學忠，〈討薪民工麗麗〉，同註一書，頁四三—四四。

註四　陳福成，《范蠡致富研究與學習》（台北：文史哲出版社，二〇一八年六月）。

註五　王學忠，〈是誰使我們分離〉，同註一書，頁八六—八七。

第五章　環保：國家民族的命脈

大家都知道陽光、空氣、水，是一切生物（所有動物和植物）的生命線，是地球上會產生生物的要素。若三者缺一，地球就沒有生命；而其中之一若有問題（如污染），必然危害到所有生命的健康。

我相信這是大家都知道的道理。可惜自從工業革命以來，全人類都誤解了現代化，以為「無限制開發、發展」才是硬道理，地球經二百年「毀滅性的破壞」，導致地球暖化、海水上漲，許多地方、島嶼被淹沒。別的地方不說，光是台灣中南部很多沿海村莊，都已泡在海裡，不久前台灣媒體嚴重警示說，十二年後（到二〇三一年），台北市可能不存在，本世紀末，台灣只剩中央山脈一點點浮在海面上。（註一）多麼可怕，但也好，老天爺幫忙解決了「台獨問題」，老天爺是中國人啊！

許多科學家也早已證明，地球環境遭受嚴重破壞，使得「地球第六次大滅絕」提早來臨，且已不可逆。這等於宣判地球上所有生命的死刑，部分有警覺性的國家（如我們中國），早已在環保上下硬工夫，以國家之力做環保，希望給自己的人民有乾淨的陽光空氣水，如沙漠綠化、造林、治霾、保護水源和善用水資源等。

如果一個國家環境受到嚴重污染，陽光、空氣、水、土壤、食物，必然也都受到污染，便不可能有健康的國民。當國民又成了「東亞病夫」，講什麼富國強兵、中國夢，全是空話。我們中國一定要搞好環保，這是國家民族的命脈、命根，就算「地球第六次大滅絕」來了，全人類都要滅亡，咱們中國也要最後一個亡。

對於神州大地的環保工作，也是王學忠關心的問題。相信他也深悟，環保是國家民族的命脈，人民健康，國家才有希望。賞讀關於霾的詩。（註二）

有感氣象局通知

題記：二〇一七年元月十七日網傳消息：中央氣象局以內部通知形式，告知下屬單位，立即停止霾預報、預警。……

關住門子
誰也別進來
霾的事不說了
便不存在
如同貓兒拉了屎
刨把土掩埋

其實，並非所有事
都適合關住門子
不讓人進來
貓而拉了屎用土蓋
停止霾預報、預警
並非霾不在

今日之霾

非昔日黃沙、塵埃
是鋅、鎘、鈦
硫酸、硝酸顆粒
入肺、入脾、入肝
使活蹦亂跳的生命
不知覺中患癌
不久，嗚呼哀哉

小時候聽父親説
世間最可怕的
是妖魔鬼怪
趁夜色朦朧
潛入民宅
擄走婦女和小孩

如今市場經濟

妖魔鬼怪與霾結伴來
水不再綠
天不再藍
生命變尸骸

今日之霾
非黃沙、塵埃
也非小時候父親說的
妖魔鬼怪
鋪天蓋地的霾
可斷送一個民族的未來
驚恐何用？
回避不該！
應拿出破釜沉舟之氣慨
從源頭遏制
資源毀滅式的開發

理念上換骨脫胎……

「鋪天蓋地的霾／可斷送一個民族的未來」。王學忠所憂心，和我說「環保是國家民族的命脈」，二者是一致的，霾是綜合性的污染毒，這種問題不能解決的話，其他建設都失去意義。

霾是如何造成的？在詩人的認知裡也有科學依據，並非全是「詩語言」。「如今市場經濟／妖魔鬼怪與霾結伴來／水不再綠／天不再藍／生命變尸骸」。這多可怕的後果，其源頭就在市場經濟（雖然大陸不叫市場經濟，而叫「社會主義市場經濟」，但過度開發，造成嚴重污染是事實。）妖魔鬼怪也是暗示各種污染毒害，這種「歹路」，兩岸同胞都一樣走過，一樣受害後才會「驚醒」，這是人性的缺點。

「北京霾霧」在幾年前，曾是全球最夯的新聞。之後，據聞大陸全力整治，應該是改善很多，通常一個社會的問題要得到根治，必須人民先驚醒覺悟，而詩人通常是先醒來的人，相信這首詩在他所處的社會，應有一些作用才是。賞讀〈黃河之水天上來〉。（註三）

黃河之水天上來
漫天霧霾
伴讓部分人先富起來而來
遮住了太陽、山脈
是非、黑白

好似一頂巨大的鍋蓋
從天而降
霓虹燈下
「發展才是硬道理」
光環不在

斷子絕孫
翻江倒海
資源肆無忌憚開採
石頭磨成沫兒

再篩一篩
見怪不怪
物極必反
猪急了便會跳出圈外
美麗富饒的祖國啊
遍體瘡癩……

「美麗富饒的祖國啊／遍體瘡癩」。我讀起來，格外感傷，因為王學忠的祖國，也是我的祖國，我們是詩友、同胞，同是炎黃子孫，同一個祖國，決不能「斷子絕孫」。希望同胞們盡快走過「陣痛」，要開放、要發展，就會有陣痛。

詩也指出問題，高度諷刺。「漫天霧霾／伴讓部分人先富起來而來／遮住了太陽、山脈／是非、黑白」。這表示，霾的問題不單純，涉及太多複雜層面，因此是非黑白也說不清楚，這是詩人的感受。賞讀〈堵車〉。（註四）

大門堵塞

道路堵塞
堵住了人們正常生活
昔日四通八達
如今水泄不通
插翅也飛不過

堵車、堵車
本田、福特
大大小小的車
各式各樣的車
一個挨一個
像冬眠的蛇

時間不再流動
空氣
凝固成一把打不開的鎖

「發展才是硬道理」
矗立路邊的標語牌
黯然失色

俗話說
物極必反
吃飯不可太急、太熱
熱了、急了
不但能燙壞嗓子
還會噎著

鋪天蓋地的車
層見疊出的車禍
淚泊、血泊
有的車撞人
有的車撞車

還有連人帶車翻入溝壑

唉，車的災難
利益掠奪
亦或「設計」失策
使我想起戰爭歲月
指揮員失誤
導致全軍覆沒……

車輛是空氣污染的元凶，從生產製造到被使用者廢棄，還會對水、土壤等環境造成污染。此外，全世界各大都會，無不堵車、堵車，「鋪天蓋地的車」，也造成許多時間等之有形無形的浪費。無奈！人有了銀子就想買車，國家只好拼命發展汽車工業。

如何能夠發展汽車工業，又能做好環保，據我所知，我們中國也在努力從各方面降低負作用。如發展電動車、公共運輸等，考驗著咱們中國人的能耐。

但詩人有更多的憂心。「車的災難／利益掠奪……指揮員失誤／導致全軍覆沒」。詩人心懷天下蒼生，總是比別人先看到問題，筆之於書，希望能有啟示或警示的作用，詩人心願已足。

註釋

註一 人間福報，二〇一九年八月三十一日。另可見台灣地區當日各報。

註二 王學忠，〈有感氣象局通知〉，《愛得深沉》（北京：團結出版社，二〇一八年十二月），頁四五—四七。

註三 王學忠，〈黃河之水天上來〉，同註二書，頁八一。

註四 王學忠，〈堵車〉，同註二書，頁一一一—一一二。

第六章　土狗和洋狗：勿崇洋媚外

中國人有不少崇洋媚外者，是可以確定的；也有更多是抬頭挺胸，很自信的做中國人，也是可以確定的。像筆者，不光是自信，甚至是有幾分「自大」，我常在作品中寫著「我是中國、中國是我」。自古以來，中國就是這麼大，亞洲或地球之最大，雖有強弱，那是自然法則，死掉的駱駝仍比馬大。

中國為什麼會有這麼多崇洋媚外？其嚴重者有如一條「洋狗」（今之台灣便是），情願當美日之走犬，圍堵自己的祖國。這不是洋狗是什麼？而且是可憐的流浪犬（因失根），可悲的走狗！就讓王師南征來收拾吧！救救這裡的人，讓他們成為堂堂正正的中國人。這可能要花五十年時間，我已看不到了，那有什麼關係！成功不必在我，生為中國人，死為中國魂，投胎轉世仍做中國人。

不談台灣，談大陸和海外的崇洋媚外者何其多？根本原因還是咱們中國近一百多年的病弱，不光是割地賠款，簽了很多不平等條約。很多地方都長期被洋鬼子統治（如港、澳、台和很多租界），這種長期被鬼統治的人，必然導致「鬼化、洋化」，根本就不知道自己體內，是流著炎黃民族的中國人血緣基因。

這種情形的長期化、擴而大之的影響，就是先行者孫中山說的「中國人的民族主義滅亡了，民族自信心瓦解了」。因此，中山先生要革命，救中華民族於危亡之際，國家可以一夜間誕生，民族主義和自信心的恢復，可能要上百年，甚至更久！從一九四九年毛主席「中國人民從此站起來了」，到現在習主席「中國強起來了」，就花了七十多年。

假如我們中國現在沒有航母、沒有超高導彈、沒有北斗、沒有高鐵、沒有戰略戰機、沒有太空科技、沒有強大的軍事和經濟力，也沒有核武。而仍在過「人民公社」的日子，大家吃「大鍋飯」，全是國有，沒有私有。我敢打賭，我們中國人不光是「站不起來」，可能又「跪了下去」，又成了列強的「嘴裡肉」。這是可以確定的，因為自然法則就是這樣，你不得不服！活在這個世界很現實，不行就是不行，不行就得「跪下去」！

王學忠有兩首詩，痛批崇洋媚外的怪現象，極盡諷刺之能事，讀之大快人心，不亦讚嘆呼？先讀一首〈土狗〉（註一）

土狗

題記：《現代漢語詞典》對土字的釋義是這樣：

1.本地的、地方性的；2.區別於洋……

往事不堪回首
想起便流水流
是犬，不敢吠
是狗，不敢吼
拖著條尾巴
流浪街頭……

一股股洋風
刮得嗖嗖
諾大個神州
唯洋獨尊

以洋為美、為榮
富貴人家的寵物清一色
都是洋字頭

難忘那天黃昏後
女主人抱回一條洋狗
紅、白、黑毛相間
肥肥的臀兒左擺右扭
像滾動的繡球
從男主人這頭
到女主人那頭

男女主人抱著綉球
吻著洋狗
嘴裡喃喃不休：
「待明兒

歇班閑了手
宰了那土狗
燉了下酒」

土狗聞言身一抖
匆忙逾牆走
拖著尾巴
流浪陰溝、水溝
撿拾著溢出垃圾桶外的
腐菜剩粥

月上柳梢頭
逃亡的土狗
流浪街頭
寶寶、貝貝、妞妞
一串親呢的稱謂

昔日的忠于職守
不再擁有……

讀起來極盡譏諷，又有幾分詼諧之能事，只覺讓人心爽痛快！而全身血液流動，「赤龍拔鬚血淋漓」（韓愈詩）。學忠詩亦酣暢、盡致，不讓古人。

「男女主人抱著綉球／吻著洋狗……宰了那土狗／燉了下酒」。這是何樣情境？玩物喪志，不知道「我是誰？」的人，崇洋媚外者到了失格的境界。而「吻著洋狗」四字，更有極深的批判力道，如斯者，已無異是個洋奴，現代中國之恥，現代中國社會不該存在的惡風。

但我更關心的是這個「惡風」，是少數個案、局部或普遍？沒有長久居住，不可能知道得深入。王學忠的詩不會騙人，「一股股洋風／刮得嗖嗖／諾大個神州／唯洋獨尊／以洋為美、為榮……」這詩到底說了什麼？說中國人崇洋媚外之病，已入膏肓！

諾大的神州，唯洋獨尊，迷戀洋狗、洋車、洋電器、洋食品、洋物、洋人……就是自己的東西不好。這是現代中國嗎？不知現在十四億同胞做何感想？我們中國人自己要反省、檢討。賞讀另一首〈洋狗〉。（註二）

有的長得像羊
有的像驢
小的滾動的綉球
大的肥胖的騾駒
皆不徐不疾

土狗睡在樹底下
洋狗躺在人懷裡
前者飢寒交迫
後者錦衣玉食
唯洋崇之、媚之

洋酒、洋煙
和舊時的洋鬼子
都是泊來的東西

以洋為尊
個個鐵杆兒粉絲……

依據心理學家或社會專家說法，現代人之所以愛養寵物，是因為心靈孤寂，現代化越高代表發展程度高，便越是富裕。人的錢多了，心靈就窮了！人際疏離，只有寵物可以隨伴孤獨的人生路。

不論如何解釋，崇洋媚外總是不好，代表一個國家、一個民族的信心不足，沒有自己，看不到自己，只看到洋人的好。這是可悲的，毛主席說「中國人民從此站起來了」，習主席說「中國強起來了」，都是為了給我們中國人鼓舞打氣。面對廿一世紀，中國人一定要強起來！硬起來！崇洋媚外者要醒醒了！

王學忠這兩首詩，不僅有啟示性，也有強烈的批判性，力道不小，相信凡有感情的中國人，讀之定會讓你心頭一驚而反思。這樣，王詩就有「諷一儆百」的功能了！

註釋

註一　王學忠，〈土狗〉，《愛得深沉》（北京：團結出版社，二〇一八年十二月），頁一二七—一二八。

註二　王學忠，〈洋狗〉，同註一，頁一二九。

第七章　現代社會怪現狀

王學忠的詩也可以看成對現代社會的批判，從詩的內涵文詞等，都可以看出詩人對大陸社會現狀，充滿著一肚子不滿情緒。這種不滿就成了詩創作的動力，這在我們中國的詩文學，其實有幾千年的歷史傳統。

吾國從古到今，關於詩的本質認識，最為普遍是「言志說」，如漢代的《詩大序》、南朝鍾嶸《詩品》、唐代司空圖《二十四詩品》等，都大談詩言志緣情，是對中國詩歌本質認識的起點和主線。所以古來詩人創作就有「千古文章，傳真不傳偽」之說，又說「詩是心聲，不可違心而出，亦不能違心而出。」

王學忠所有的作品都不離一個「真」字，他的真性情，他的心聲，包含前各章討論姓資姓社等內容，都是他「出於自心」的真感情。這章我通過王學忠的眼睛，看看「現代社會怪現狀」，特色社會奇葩。（註一）

特色社會多奇葩

題記：新京報五月十七日報道：日前，北京昌平區組織部發布消息，二〇一七年領導幹部個人有關事項報告比去年更加細緻，「非婚生子女」也要報……

被窩裡的事兒
桌子底下的話
寫在了組織部的報告裡
剎那，光明正大

猶如打乒乓
妙在擦邊兒
明妻暗妾
用怎樣招術拿下

一夫一妻
只做門頭匾牌掛
貴族糜爛生活
常態化

收入有白色、灰色
做官分大小
娶妻納妾皆風流
同一精血造娃娃

家中紅旗紅艷艷
外面彩旗呼啦啦
三個五個不算多
十個八個才瀟灑

窮人和尚廟裡呆著去
嫖娼——犯法
富豪妻妾一大群
奈何——願挨願打

有錢能使鬼推磨
特色社會多奇葩
不爭論、不折騰
盡享富貴榮華……

兩岸雖關係緊張，但暗地裡兩岸也在較勁，看那一方「先進」？那一方「現代化」程度高？這事關面子問題。同是中國人愛面子，現代化建設不能落後，這點心理作用因素，我太了解了！

例如最近（就是二〇二二年），台灣的偽政權偽立法機構，已通過「通姦除罪化」法案，就等著不法政權的偽領導公告。該法案之意很明白公告天下，已婚男子和外面女人上床、已婚女子和外面男人上床了，皆已「除罪」，即非犯罪行為。看看！光是這條，確是台灣比大陸「先進」，現代化建設高的案例。

大陸到二〇一七年，規定「非婚生子女」要上報，似乎也暗示「小三」的合法化。放眼全球，據聞早已形成了潮流，兩岸中國人總算趕上了時代！

但法律上規定的仍是一夫一妻制，違反主流制度還是不行，會出現更大的問題。據我所知，習主席嚴打領導幹部的婚外情，凡有小三或小王的，全要下台重懲，不知效果如何？

古今中外都在發生的事，又已成為潮流，所謂「小三、小王、外公、外婆」，快成為「八卦顯學」，「一夫一妻／只做門頭匾牌掛／貴族糜爛生活／常態化」。這是詩人對他所處社會的批判，雖古今如是，但能「富豪妻妾一大群」，應是極少人才有的「艷福」，福禍相依一體，其禍害也大，只時間未到。賞讀另一特色。（註二）

特色廁所

題記：鳳凰網二〇一七年十月三十日訊：國內首個全透明玻璃廁所，在長沙一生態公園正式對外開放，廁所三百六十度無死角，男女廁間，僅一面玻璃之隔……

沒錢人
癟著肚子喊餓
有錢人
拉屎撒尿
想盡法子搞特色

俗話說
有錢能使鬼推磨
還說
一旦有了錢就得瑟
炫富、擺闊
胡吃海喝
有的沉湎賭博
有的好色

住豪宅、開豪車
三妻四妾
大把大把的票子
燒著樂

全透明廁所
像一只白鶴
晶瑩剔透
在花紅葉綠間靜卧
尿聲似叮咚泉水
大便如琥珀

香港有黃金廁所
鑲嵌鉆石六千二百顆
長沙全玻璃廁所
男女僅一面玻璃之隔

光怪陸離的社會
奇葩事兒多……

四、五十年前，大陸廁所以「落後、不衛生、不文明」著名於世，中國自古以來沒有「廁所文化」。在封建時代，北京故宮皇城數百房間，都沒有廁所，這很奇怪，皇帝以下幾千人，每日大小便如何處理？有人針對這個問題研究，結論是中國古代沒有廁所文化。

沒想到隨著改革開放，「廁所文化、文明」，達到「高度發展」的特色。但一個廁所不足以證明，中國人的「衛生習慣」，是否與航母、空間站的建立，同時達到世界水平？

詩人是從窮人的正常眼光看世界，對「特色廁所」仍有所批判。我從普遍性看待廁所文化，必須做到不論城鄉都清潔、衛生、乾淨、隱私，就是最好的廁所文化，也是代表社會水平的標準。賞讀〈世俗〉。（註三）

走的人多了便是路
即約定成俗

僅幾年光景
一切向錢看
就力克群雄
成為當今最時髦的世俗

個個躍躍欲試
人人唯利是圖
親情、友情、鄉情
丟得全無
惟剩發家、發財、發跡
功名利祿

什麼良知、良心
風骨、鐵骨
瞬間一塌糊塗
連昔日聖潔的荷花

也一瓣瓣墮落
與淤泥同流合污

當今世俗
猶如砒霜、罌粟
一經接觸
便欲醉、欲仙
飄飄然、欣欣然
神情恍惚

拒絕砒霜、罌粟
就是要遠離世俗
時刻頭腦清醒
高昂頭顱
不為功名所動
面對利祿不屈服……

有一天，莊周（就是莊子）來到楚國，楚王派使臣來請他做宰相。莊子一聽向使臣說：「有一隻大烏龜，在泥裡爬來爬去，怡然自得，享盡天年。另有一隻大烏龜，被人捉去宰了，把殼做了卜的材料，燒出卜文，刻上了字，放在廟堂上，代表神的旨意，受人敬拜。我請問，哪一隻烏龜快樂、享福？」

使臣說：「當然是怡然自得在泥裡爬的。」

莊子說：「請回去報告楚王，老莊寧願在泥裡爬得好，也不當宰相。」

我想，這世間能像莊子那樣，「時刻頭腦清醒／高昂頭顱／不為功名所動／面對利祿不屈服」，恐怕是極為稀有。難怪古人說，「人為財死，鳥為食亡。」

但一個社會如果大家都「什麼良知、良心／風骨、鐵骨／瞬間一塌糊塗」、「人人唯利是圖／親情、友情、鄉情／丟得全無」。也不是正常的社會，甚至不是屬「人」的社會。這才是詩人所憂心之處，乃提筆批判、呼籲、警示，他對這個社會「愛得深沉」，這是中國平民詩人王學忠的天命！另一首〈一切都已成為過去〉。（註四）

星轉月移

恍若大廈傾倒
一地瓦礫
不！又像溫水煮青蛙
在甜甜蜜蜜
迷迷糊糊的夢幻中死去

昨日的銅牆鐵壁
山盟海誓
如今不堪一擊
隨獵獵西風
從天空墜下
忽兒又揚起

到處是騙子
心口不一
騙天騙地

真理、信譽
成為可任意掐捏的柿子
揉搓的橡皮泥

說雄即雄
言雌便雌
不是也是
質疑，抗拒是自討苦吃
想辦法適應
才是硬道理

台上的推下來
倒下的重扶起
不換腦子換位子
通向太陽的康莊道
高高低低

唉，一切都已成為過去……

這首詩給我的第一個直覺，寫的最接近台灣社會的現狀，「到處是騙子／心口不一／騙天騙地」。台灣的詐騙集團風行全世界，有「詐騙王國」的名號，兩岸更為各國提到的「台灣騙子」，如何「引渡」爭議不休，不得不說台灣的「國際知名度」，因而提高。

但王學忠說的肯定不是台灣，而是大陸。「恍若大廈傾倒」，詩有很深意涵，是誰倒下？是往日身為主人的階級嗎？而「獵獵西風」又是什麼？八成就是改革開放引進的「市場經濟」，正式名叫「社會主義市場經濟」，這些「西風」使大廈傾倒！

又是陣痛吧！「通向太陽的康莊道／高高低低／一切都已成為過去」。詩人對未來似乎還是樂觀的，一切都已過去，前面是一條康莊道，但高高低低還是有！

註釋

註一　王學忠，〈特色社會多奇葩〉，《愛的深沉》（北京：團結出版社，二〇一八年十二月），頁一一五—一一六。

註二　王學忠，〈特色廁所〉，同註一書，頁三〇—三一。

註三　王學忠，〈世俗〉，同註一書，頁一〇七—一〇八。

註四　王學忠，〈一切都已成為過去〉，同註一書，頁一一三—一一四。

第八章 人間苦難何其多

佛教認為整個人世間和人生的本質，就是一個「苦」字，深入剖析理解，分為八苦：㈠生苦，在母胎中，如因牢獄。㈡老苦，力弱形枯，神衰智鈍。㈢病苦，諸根病患，坐卧不安。㈣死苦，四大分離，抽筋拆骨。㈤愛別離苦，眷屬恩愛，生離死別。㈥求不得苦，事不稱心，欲得偏失。㈦怨憎會苦，冤家會遇，如眼中釘。㈧五陰熾盛苦，五陰煩惱，如火熾然，焚燒身心（前七苦外所有其他諸苦皆收攝在此苦之中）。

王學忠所有詩作寫到底層人民的苦，更多有錢人的苦，以及王學忠沒有寫的，在中國以外，阿富汗、伊拉克、敘利亞……無數人的苦難；美國給世界製造苦難，導致自己也陷入苦難。凡此，人間苦難何其多，都是前述「八苦」範圍內。

所以這世間的苦難太多太深，人間的政府不論何種制度、方法，都無法根治，無藥可救。只有進到宗教上的修行，才有可能「脫離苦海」，如佛教《心經》所述：「觀自在菩薩，行深般若波羅蜜多時……乃至無老死，亦無老死盡……能除一切苦，真實不虛。」問題是這不是普通人所能達到，要透過甚深修行。

王學忠是詩人，不是宗教修行者。他用詩創作關懷神州大地底層苦難的人民，本章選有代表性的兩首，看人間苦難何其多，第一首是「賣妻救女」。（註一）

真不知該勸你還是訓你

題記：安徽阜陽廣播電視台二〇一七年五月九日消息：五月八日上午在合肥百大購物中心天橋下，一位叫張坤的男子身上掛一塊寫著「賣妻救女」的牌子，被賣的妻子則站在身邊……

政府大樓巍然聳立
樓頂上飄揚著
社會主義旗幟

你呀，三十而立的男子漢
竟賣妻救女
真不知該勸你還是訓你

有困難
找政府、找組織
我們一切工作幹部
不論職務高低
都是人民的勤務員
所想所思
皆為了人民利益

何況，咱的國家
早今非昔比
GDP全球第二
經濟增速屬第一

就你家那點
雞毛蒜皮子事兒
搞定它不費吹灰力

時間分子丑寅卯
醫院的大門
二十四小時不關閉
救死扶傷
實行革命的人道主義
是人民醫院的天職

再說了
即便賣了妻子
換來了票子
救了孩子
一個沒媽孩子的童年

要淌多少淚滴

選擇此下策
著實不妥、不必
咱奔小康路上
既不可撤下病女
也不能沒有妻
再說，如今男女平等
女人也是領導階級一分子

若非要賣
也只許賣自己
有台子戲叫
《血總是熱的》
看了你做的這事兒
讓俺從頭頂涼到腳底……

好像又回到古代，「賣身葬父」的故事，總是讓人感到無限同情。只是內容稍有改變，「賣妻救女」，時代換到二十一世紀，場景是安徽合肥百大購物中心的天橋下，必然會驚動民間和政府各單位人馬。我相信此事，相關單位應已做了適當處理。

就事論事，「若非要賣／也只許賣自己」，在現在的世界潮流，「人」不能成為可以買賣的「商品」，數百年前可能可以。所以，自己也不能賣，能賣的只有勞力和時間。生活在低端的勞苦大眾，都是在賣勞力和時間，換取生活生存所需。而人，不能賣，應該是違法的，「賣妻救女」若真的完成交易行為，算不算「人口買賣」？公權力要不要介入？

「有困難／找政府、找組織／我們一切工作幹部／不論職務高低／都是人民的勤務員／所想所思／皆為了人民利益」。詩人王學忠故意高調提醒，政府和組織（黨）的存在，都在為人民而服務，尤其「社會主義國家」更要做到，否則和「資本主義國家」何異？「中國式社會主義」更應關懷社會底層勞苦大眾，他們才是貨真價實的「無產階級」，最該被尊重的階級。

王詩也提到「咱的國家／早今非昔比／GDP全球第二／經濟增速屬第

一……不費吹灰力」。言下之意，這點「小事」國家很好處理，也是暗示已經經濟大國的我們，不該發生這種事（指賣妻救女），有損整個國家、社會形像。再看另一種都市常有的災難。（註二）

大興的火

題記：人民網消息：二〇一七年十一月十八日晚十八時十五分，北京市大興區西紅門鎮新建二村新康東路八號，一處集儲存、生產、人居為一體的「多合一」場所，發生火災，致十九人遇難，其中一歲到八歲有十一人，另有八人受傷……

住宅、車間、雜貨
熊熊大火
一座「多合一」建築
丁酉年冬日的晚上

在火光與星光的輝映中泯沒……

月有陰晴圓缺
人有旦夕福禍
瞬間
十九條鮮活的生命
男女老幼一大伙
伴皇城根下的北漂夢
化作煙末

有修車的漢子
賣菜的婆婆
失地的
下崗的
還有外賣小哥
大學畢業即失業

皆「改開」弱者

牆上五顏六色的標語
依舊撩人心魄
「高高興興上班
快快樂樂幹活」
「讓部分人富起來」
「抓住機遇大膽突破」

一場熊熊大火
飛來的橫禍
燒的是生命
一座「多合一」大樓
黑色、紅色、特色
也是思索……

傷痛啊！十九條鮮活的生命，瞬間就不見了。我住在都市叢林內一座小山丘，隱居寫作度日，每天都聽救火車呼號而過。據聞，百萬人口的大都會，火災每日都有幾起，死人太少，媒體根本不報，非要死一大堆人，才夠格上媒體版面，這是一個顛倒的世界，無情無義的社會，每日都有叫人痛心的事。

「月有陰晴圓缺／人有旦夕福禍」。這是有些年紀（五十歲以上）的人，最有感受的真言。在佛經《四十二章》第三十八章，佛和門人對話：「佛問沙門：人命在幾間？對曰：數日間。佛言：子未知道。復問一沙門：人命在幾間？對曰：飯食間。佛言：子未知道。復問一沙門：人命在幾間？對曰：呼吸間。佛言：善哉！子知道矣！」（註三）原來生命只在呼吸間，人生無常，怎能不把握時間，過好每一天，誰也沒有把握一定能看到明天的太陽！因為人間災禍苦難何其多！

這首詩最後有所暗示，「一座多合一大樓／黑色、紅色、特色／也是思索」。誰是黑色？誰是紅色？意有所指，當地人和當地管理部門思索思索吧！如何可以防止類似事件再發生！

註釋

註一　王學忠，〈真不知該勸你還是訓你〉，《愛的深沉》（北京：團結出版社，一九一八年十二月），頁四八—五〇。

註二　王學忠，〈大興的火〉，同註一，頁三二—三三。

註三　可見任何一本《四十二章經》，第三十八章。

第九章 西方列強製造全人類災難

所謂的西方列強，按「強權興衰」的認定，包含從十五世紀開始三大航海強國，荷蘭、西班牙帝國和葡萄牙帝國，之後大英帝國，二戰後的美國，都是一等強權。當然，法國、德國、餓圖曼土耳其、沙俄、前蘇聯，乃至我們邪惡的鄰居日本，也曾經是強權。

我年輕時研究西方歷史，想要探索他們有何文明文化？思來索去，大約不外殖民主義和帝國主義。為擴張這兩種主義的勢力範圍，通常先利用基督上帝之名的傳播，強迫改變「新世界」原住民信仰，堅持不改變者，唯一的下場，就是殺、殺、殺！數百年來，白人強權到了今之南北美洲、今之加拿大、澳洲等，都是一陣陣大屠殺，而殺人的理由都是：民主、人權、自由、基督信仰。

所以，你說西方有文明文化嗎？在我看來，只有帝國主義和殖民主義，加上不信基督者殺。光是中世紀就殺了一千年，這一千年就是史稱的「黑暗時代」。

依我所見，整個西方世界到現在，仍處黑暗時代，看不到文明文化人道人權的光輝。

一四九四年，當教皇亞歷山大六世，調解西班牙和葡萄牙兩大帝國，簽訂一份瓜分新世界的條約，《托德西里亞斯條約》（Treaty of Tordesillas）。按此條約，南美洲西部在內的西經四十六度以西所有地域，被認定由西班牙的統治範圍。幾年後，南美當時有個「印加帝國」，就被西班牙的屠夫消滅了。（註一）亡人之國，都要從改變原住民信仰開始，不改變者都死路一條。

為使印加帝國（今之秘魯）子民信仰基督，一五一三年時，西班牙國王對印加發佈一個《條件書》（Reguerimiento），這是對原住民下達的最後通牒，為大屠殺找一個光明正大的理由。他們會先將《條件書》經由譯者，念給印加君臣聽，有如下一段文字：（註二）

> 唯一且永恒的我主上帝是天與地、男人和女人的創造者……上帝於是安排聖彼得掌管天下所有人。因此我請求你，也是命令你們……接受教會做為你們在這世上的傳道人和領路者，接受被稱為教皇的至高無上的神父，接受作為統治者的國王，因為他們都代表著教會……

如果你們不照我說的做……：我會在上帝的幫助下對你們發起攻擊，我們會在各個地方以各種方式與你們交戰，直到你們遵從教會和國王旨意。我們還會把你們的婦女和兒童抓去做奴隸，或用來販賣，或依照國王陛下的意願處。我們會用盡所有的辦法懲罰和傷害你們。而且我不得不重申這種死亡與毀滅的結果「完全」是由你們自己的錯誤所造成的！

這就是數百年來，西方的白人列強帝國，以基督上帝之名，對「新世界」進行屠殺與征服。之後西方列強對世界各地的殖民統治，大致是這樣的模式，差別只在手段溫和或激烈，或用「溫水煮青蛙」方法。因此，所謂「基督上帝」，完全是殖民主義和帝國主義的「先鋒隊」，絕不可以在中國地區傳教，中國人要有所警覺。

到了二十一世紀，白人列強之國仍死性不改嗎？基督上帝還是西方列強的先鋒隊嗎？確實都仍是。從「九一一」事件的發生、到美國帶著列強盟友侵略伊拉克、敍利亞、阿富汗，到圍堵中俄，都是同樣思維、一樣邏輯，白人列強的甚深陰謀：製造災難、相機征服！

西方列強給中國人民製造的災難，罄竹難書，代代中華兒女都要牢記在心，引為警惕。只有自己強盛壯大，才能阻止西方「八獸聯軍」再入侵，有膽敢再來傷我中華子民，便滅其國，尤其邪惡的日本，遲早滅亡，天不滅之，中國人滅之。

王學忠有兩首詩，一者批判美帝，一者警惕國人。他一介詩人，依然憂國憂民，而且對西方邪惡勢力，有很高警覺，經由他的呼喚，相信可以影響許多中華兒女。賞第一首〈炸彈之母〉。（註三）

炸彈之母

題記：新華社喀布爾四月十五日電：阿富汗前總統卡爾扎伊強烈譴責美軍在阿富汗投下一顆重約九．五頓，有「炸彈之母」之稱的「非核炸彈」。同日，美國防部長馬蒂斯則對媒體表示，拒絕就「炸彈之母」爆炸造成的傷亡情況作出評估……

恐懼、恐怖
強盜露出了真面目

在阿富汗
美軍投下一顆
非化武、核武
卻集其「精華」于一身的
炸彈之母

炸彈穿透地下岩石
十米處
百米處
在指定地點爆炸
剎那
火光伴著巨大沖擊波
把人體撕成肉片、碎骨
隨後二次爆炸
高度四千五百度

哪個不死
瞬間化煙霧
接著水管閥門開啓
高壓水與高溫交匯
向左、向右、向下
方圓數百米
萬物哀哉嗚呼

慘象目不忍睹
只聞血腥
不見尸骨
古有炮烙、車裂
挖眼、割乳
與之相比
小巫見大巫

順我者昌
逆我者當誅
誅為殺無赦
憑好惡
可以是一個村庄
亦可一個民族……

「順我者昌／逆我者當誅」。就如前面白人帝國給印加君臣的《條件書》說的，「如果你們不照我說的做……我會在上帝的幫助下對你們發起攻擊……死亡與毀滅的結果完全是你們自己的錯誤所造成的」。幾百年來，西方白人列強死性不改，因為這是他們的妖獸文明！妖獸文化！妖獸基因！

在第六章的〈土狗〉和〈洋狗〉，詩人痛批崇洋媚外者，為何中國至今仍有那麼多崇洋媚外的迷失者，原因雖複雜。除了該章所述，部分也是大多數人容易被眼前的「人權、民主、先進」所迷惑，不會去思索更深層的問題。這就必須由國家運用教育系統，才可以改變、改善，所以「國民」教育很重要。一九九七後的香港之亂，源頭在雖收回主權，沒有收回「國民教育權」，以後兩岸統

一後要警惕這種事。賞讀〈敵人亡我之心不死〉。（註四）

鳥為食亡
人為財死
在階級未滅的社會裡
敵人亡我之心不死

刀槍劍戟
大炮、飛機
從建立大東亞共榮
到尋找大規模殺傷性武器
目的只一個
擄走他國財富
使一個民族淪為奴隸

大意失荊州

籬笆牆扎不牢
就會鈷進狐狸
保衛祖國
提高警惕
有膽敢來犯者
統統殲滅之

地球一個村
普世價值
夫妻關係
那是騙子設的套
鋼鐵的砲彈外面
裹了層糖外衣
蛇蝎變美女

千萬切記

高腳杯裡
盛的不是美酒
是蒙汗藥、麻醉劑
在眾人皆醉的一個晨曦
他們會撕破面具
發動突襲

阿富汗、伊拉克、利比亞
一串被戰火燒焦的名字
彌漫血腥的名字
是鏡子
亦是警示
和平乃善良人們的願望
戰爭不以人的意志為轉移……

「敵人亡我之心不死」，這「敵人」是誰？從文意看，就是日本和美國為首的西方白人列強。但日本從明治維新開始「脫亞入歐」政策，就不承認自己是亞洲國家，而成為歐洲國家，所以把這倭人鬼子國也看成西方列強，充滿著帝國主義和殖民主義思想，製造人類災難。

美國的科學家預測，倭國列島可能在本世紀內沈入海底，亡國亡種。原因是馬尼亞納海溝「北擴」，已造成該列島地底「空洞化」，只要大地震或富士火山爆發，列島必沈沒，這是小日本鬼子最大的恐懼。二〇二二年五月間，美國大資本家馬斯克說，「日本將不復存在」，成為全球最夯話題，嚇壞了小日本鬼子。

筆者一生著書立說，大力宣揚本世紀中葉前，中國要相機消滅倭國，收服該列島改設「中國扶桑省」。（註五），這是中國人的天命。

「保衛祖國／提高警惕／有膽敢來犯者／統統殲滅之」。中國平民詩人王學忠，現在更像「愛國詩人」，相信他的作品，會使一些不明或迷失的中國人，有所反思！

註釋

註一　陳福成，《印加最後的獨白》（台北：文史哲出版社，二〇二〇年六月）。

註二　金·麥考瑞（Kim MacQuarrie）著，馮璇譯，《印加帝國的末日》（新北市：自由之丘文創事業／遠足文化事業股份有限公司，二〇一八年十月），第四章。

註三　王學忠，〈炸彈之母〉，《愛得深沉》（北京：團結出版社，二〇一八年十二月），頁六七—六八。

註四　王學忠，〈敵人亡我之心不死〉，同註三書，頁六二—六三。

註五　陳福成，《日本問題的終極處理》（台北：文史哲出版社，二〇一三年七月）。

第十章　改革、變革：社會怎樣才好？

說實在的，如果有一個國家，其國之人，即無窮人也沒有富人，大家都過衣食不缺的快樂生活；在其國中，各盡所能，各取所需，人人不貪。這樣的理想之國，相信許多人搶著前往，我也會移民去成為「理想國」國民，可惜永遠都是夢幻。

已過中年時，我在美好的因緣裡接觸到佛教，讀到《佛說阿彌陀經》說：「從是西方，過十萬億佛土，有世界名曰極樂……其國眾生，無有眾苦，但受諸樂，故名極樂……極樂國土，有七寶池，八功德水，充滿其中……極樂國土，成就如是，功德莊嚴。」（註一）才感覺到，原來「理想國」是存在的，該國領袖正是阿彌陀佛，只是太遠了，從是西方，過十萬億佛土……

這也反證說明，活在人世間任何國家、採任何制度，絕不可能使自己的國民，百分百的「無有眾苦、但受諸樂」。不僅不可能，且有許多窮人困苦、富人炫富，以及各種犯罪者，問題重重，這便是人間社會。

以我們中國為例，如果鄧小平不搞改革開放，也不走「中國式社會主義」。我們就「馬列共產主義」硬走到底，全民平等吃大鍋飯，全民仍在「人民公裡」，過共生共食共勞動的團體生活。在我們這樣的社會裡，沒有土豪、沒有富豪、資本家，也沒有資產階級了！

大家發揮一下想像力，我們中國現在是「怎樣的存在」？最大的可能就是一個「共貧社會」，我們會成為「大而弱」的國家，雖也有一些老飛機、舊軍艦，但不可能有現代化軍事武力。於是，又會和列強簽訂一些不平等條約，或情況更差……

共貧社會大家肯定不愛，因為「人往高處爬、水往低處流」，所有的窮人有誰不想變富？所以「共貧」不可能長久維持，不光人民不願意窮一輩子，也會危及政權的「合法性」。更嚴重的是國家存亡、民族命脈，都會受到威脅，貧窮也是內外敵人的溫牀。

因此，剩下一條路，走改革開放的路，雖有一頂大帽子「社會主義市場經濟」約束著。但這也表示，西方資本主義、市場經濟、私有制、自由競爭這些東西，也必然、多多少少出現在中國社會。人世間所有各種制度，絕無完善又完美，各種問題出現了，土豪、富豪、窮人……

各種形形色色的問題都來了，是現象還是本質？姓社還是姓資？王學忠在《工農文學》發表兩首詩，反思這些問題。賞其第一首。（註二）

二百二十五萬元落槌

題記：二〇二〇年八月十六日，一部一八九〇開頭，尾號「88888」的中國電信手機靚號，由北京市朝陽區人民法院委托拍賣，競爭激烈，最終以二百二十五萬元的價格落槌成交……

俗話說，物以稀為貴
時下土豪
花錢勝流水
二百二十五萬買個靚號
只為「咣當」一聲

眾目睽睽
享受落槌的滋味

五〇五一次出價
六七〇〇〇多人助威
延時二二七回
那一刻
醉倒了
多少光鮮亮麗的土豪
還有那特色社會

物以稀為貴
土豪花錢從不皺眉
洛杉磯超市
一位北京千金
掃蕩了全部名牌香水

多倫多上海公子
一人喝下一箱
單價一萬六千元的拉菲

其實土豪們並非
都出手大方
王斌余、馬永平
舉刀犯罪
只因苦幹一年一毛不給
張海超為討得賠償金
開胸驗肺

俗話說，物以稀為貴
二百二十五萬買個靚號
享受的是落槌滋味
時下社會

計劃與市場交尾
公與私
貧與富
特色激流中交匯……

「二二五萬元落槌」，好不好？對不對？永遠沒有答案，如果世界各地天天都類似這種事進行著，便非特色，而是「社會常態」。俗話說「一樣米養百樣人」，也許社會也是，從古至今光怪陸離，與其說是社會，不如說是一個「江湖」較接近。

經濟學有個名詞「財富重分配」，「一位北京千金／掃蕩了全部名牌香水／多倫多上海公子……」。他們促進經濟活動，老板做了大生意，員工加了薪，政府稅收增加了……功德無量。又如有一敗家子敗光了一億家產，從經濟學看是「財富重分配」，非敗也，這一億錢可能轉移到許多人的口袋，工人、保安、老板、富人、農人、窮人……更多的人得以養家活口，也是功德！

從詩人的眼睛看社會百態，「時下社會／計劃與市場交尾／公與私／貧與富／特色激流中交匯……」。仍須反思反省，仍有改善空間。另一首對改革開放形

成的現今狀況，很有針對性。（註三）

用血染紅的「變革」

題記：據國家統計局《二〇一九年中國統計年鑑》，發布的「中國各階層收入」披露：月收入二千元以下和無收入者約九．二億，月收入十萬元至五百萬元以上者〇．三億，占全國總人口的百分之二……

俗話說
「有錢能使鬼推磨」
能使房子多
轎子多
美女也多
腳一跺水泥柱子打哆嗦

于是，古今中外
凡精英、強者
聖人、聖賢
也皆為錢忙活
費盡心機
把手中的錢搞得多多

再于是，便有了
「等貴賤」「均貧富」
「王侯將相寧有種乎」之說
「殺盡不平方太平」
遍地燃燒的
「殺富濟貧」之火

從陳勝、吳廣
到李順、王小波

孫中山「平均地權」
《共產黨宣言》
「無產階級掙脫的是枷鎖」
一次次用血染紅的「變革」

然而，然而
無數仁人志士
五千年鮮血染紅的「變革」
換來的依舊是
多數人為生存掙扎
少數人淫逸驕奢……

我說詩有針對性，針對習主席的「脫貧」政策，進而全面建設「小康」社會，追求「共富」理想。到底執行情形如何？成果如何？透過這樣的「各階層收入結構」，可以再檢討、改進！

詩人也以我們中國歷史上的「農民革命」為警惕，政權之所以改朝換代，都是統治階層腐敗，導致農民太貧窮，只好起來造反革命。包含孫中山革命、共產革命（一九一七俄共、一九四九中共），都源於人民太窮困，必須改朝換代了！

統計局的公布不知其詳，月收入二千元以下約九億人，則以上是五億。假設這五億人的收入約為：二千到六千是一億人、六千到二萬是一億人、二萬到五萬一億人、五萬到七萬一億人、七萬到十萬不到一億人。這樣的分配結構不知是否「正常」？而月收入二千以下的窮人，應該要列入輔導改善的優先政策。

社會怎樣才好？或怎樣才是「好社會」？可能永遠也沒有定論。但詩人有所批判，就是提供反省的機會，也是給主政者的建議、參考、檢討，盼有改進的空間。

註釋

註一 可參見任何一本《佛說阿彌陀經》。

註二 王學忠，〈二百二十五萬元落槌〉，《工農文學》二〇二〇年第四期（總第十六期）（香港：中國文化傳播出版社，二〇二〇年十二月），頁二三—二四。

註三 王學忠，〈用血染紅的「變革」〉，同註二，頁二四。

第十一章　三八制和九九六：工人籲天錄

西元一八八六年五月一日，美國芝加哥等地工人大罷工，為資本家過度剝削工人勞力，提出每日工作八小時、休息八小時、睡眠八小時，俗稱「三八制」。後來逐漸普及世界各國，立法推行「三八制」，但各國國情不同，對工時規定仍差別很大。

而在我們中國，一九四九年以前，共產黨和國民黨雖然許多政策都沒有共識，但在我的印象裡，兩黨都同意「三八制」。從一九四九年到改革開放前，我雖然沒有深入研究，判斷也仍推行「三八制」。

改革開放後，必然出現很多私企，有良心的老板知道工人階級的勞苦，或許還能遵守「三八制」制度。不是每個老板的心都是好的、熱的；會有一些老板的心是壞的、冷的，這就是所謂的「黑心老板」。

黑心老板所經營的「黑心私企」，是工人們的惡夢。王學忠在《工農文學》

有詩，是對不良私企破壞「三八制」的批判。賞讀〈「九九六」聯想〉。（註一）

「九九六」聯想

題記：最近，中國互聯網企業盛行一種「九九六」加班文化之說，即早上九點上班，晚上九點下班，一周工作六天。其實，這一實質將八小時工作制改為十二小時的做法，早在國企轉型後不久，就已在占全國百分之九〇以上的私企中實行……

想起淚就往下滴
從新中國誕生之日起
天安門城樓那聲莊嚴宣告
「中國人民從此站起來了！」
八小時工作制
便伴隨獵獵五星紅旗

屬於了中國工人階級

八小時裡
他們揚眉吐氣
在生產車間、建設工地
用渾身使不完的勁
從未有過的舒心如意
為國家也為自己
生產鋼鐵、機器、布匹
一切生活所需

八小時外的時間
全部歸自己
踢球、畫畫、寫詩
打開書本學科技
串街、逛集

下棋、練太極
文藝隊自編自導的小話劇
反映了民聲民意

難料天有不側風雲
突降急風驟雨
巍峨大廈轟然倒塌
連同八小時工作制
跌成一地瓦礫
先前揚眉吐氣的主人翁
再次淪為奴隸

什麼「九九六」加班文化
分明玩弄花招迷惑人
魔鬼披了件花布衣
不禁讓人想起

一百三十多年前
走在芝加哥街頭的
三十五萬姐妹兄弟……

在比較進步的國家（戰亂或落後的非洲部落國家不含），正常情況下，「三八制」已是潮流並行之已久的制度。甚至有更人性化的，縮短工時，週休二日，工人有充分的休息，有健康的身心，更有利於生產事業。

大陸情況筆者所知不多，但按題記和詩述，「突降急風驟雨／巍峨大廈轟然倒塌／連同八小時工作制／跌成一地瓦礫／先前揚眉吐氣的主人翁／再次淪為奴隸」。詩點出一個嚴重的問題，似乎長期沒有得到主政者重視，所以問題也沒解決。

好像說，從改革開放後，國企轉型私企，一個美好的三八工作制就破壞了。幾十年了，難道工人都不反映，不言不語「埋頭苦幹」嗎？筆者不甚理解！

三八制改成「九九六」，難道員工都沒意見？老板說了算數，大陸同胞都是服從聽話的「乖寶寶」嗎？不可理解。幸好現在有個關心工人處境的詩人，名叫王學忠的為工呼籲，若能有所改善，真是身為詩人者最大的成就。賞讀〈牆

縫裡的蒼蠅和蚊子〉。（註二）

卑微！是的
但不卑鄙
忍辱負重也罷
苟且偷生也罷
每一個都自食其力

相比那些
靠承襲、世襲
嘴皮子「吧嗒吧嗒」
便混得光鮮亮麗
美女、銀子
紛紛蜂擁而至
確實不可同日而語

時下有個詞兒
最紅、最火、最牛逼
「機會均等」
只要付出了、努力了
乞丐也能做駙馬
住殿堂、入府邸
天天錦衣玉食

回敬兩個字
「放屁」
說輕了得了便宜賣乖
自個吃得肥頭大耳
指責餓殍遍地
躺得橫七豎八
不講文明沒秩序

說「機會均等」
不是幌子
就是騙子
倘若不是人分三六九
物分貴賤高低
誰會鉆進牆縫
受盡凌辱任你欺？

但願有一天
翻天覆地
蒼蠅和蚊子走出牆縫
住殿堂、入府邸
信不？
樣子比你們更神氣……

這首詩有很深的影射、暗示。「牆縫裡的蒼蠅和蚊子」，暗示的是誰？應是生活在最低端的一群勞苦大眾，社會最底層的窮人。真要等到有一天，「翻天覆地／蒼蠅和蚊子走出牆縫／住殿堂、入府邸」。說實在，要等到地老天荒、海枯石爛，還沒機會！

詩人只是在為底層最窮困的人出一口氣，伸長一點天地間的正氣，這是王學忠身為詩人的天命，他的眼睛看出去都是人民的冷暖痛癢。如他在《工農文學》一篇談「詩建設」短文說：「任何一個有志寫詩的人，皆應拋開個人私念，用忘我的一顆純心去寫，用對祖國和人民的一腔熱血去寫，寫人民的冷暖痛癢、所思所想。」（註三）詩人這輩子，一顆心就掛在人民身上。

此外，詩也是一種反省和批判，「說機會均等／不是幌子／就是騙子」。這是誰說的？大老板或土豪？詩人回敬兩個字，「放屁」，表達強烈不滿；吃得肥頭大耳，指責餓殍遍地，這樣的土豪，真是沒品又沒德。欣賞一首小品〈架子工〉。

登高不是為了遠望
欣賞「盛世」風光
那是有錢人的喜好

窮人不敢奢望
人站在架子上
心裡念著妻兒、爹娘
芝麻開花節節高
死亡風險隨拔節聲增長
架子工也有夢想
老板不欠工錢
只流汗不流血
家人活得人模狗樣……

站在「架子工」的處境寫的詩，也是為架子工發聲。但「人站在架子上／心裡念著妻兒、爹娘」，其實更不安全，更容易出事。最後一句「家人活得人模狗樣」，也是夠慘！也夠諷刺。欣賞一首很有深意的詩，〈凳子與花瓶〉。（註五）

凳子生來讓人踩
讓人坐
花瓶是一種擺設
立案几，站桌台
相伴神像旁側

似乎天命亘古不變
改不了，動不得
大河滔滔向東流
驢從娘肚裡出來
就拉磨、拉車

忽一日
地聲隆隆流過
花瓶神像雙雙落地
牆角的凳子

見證了天命的打破……

詩意之一，高高在上尊貴的人，不一定突然會垮台；平凡平靜的人，反而安全過險境。之二，不論將相走卒，在老天爺面前是平等，不測風雲可不管你貧富。

「似乎天命亘古不變／改不了，動不得」，能改能動，就不是天命。但我知道，王學忠做為詩人的天命，他這輩子是改不了、動不得了！

註釋

註一　王學忠，〈「九九六」聯想〉，《工農文學》二〇二〇年第二期（總第十四期）（香港：中國文化傳播出版社，二〇二〇年六月），頁一一八—一一九。

註二　王學忠，〈牆縫裡的蒼蠅和蚊子〉，同註一，頁一一九—一二〇。

註三　王學忠，〈《詩建設》聯想〉，《工農文學》二〇二〇年第三期，卷首語。

註四　王學忠，〈架子工〉，同註一，頁二二一。

註五　王學忠，〈凳子與花瓶〉，同註一，頁二二一—二二二。

第十二章　眞詩人與僞詩人

筆者在多年前，參加重慶西南大學主辦的「國際詩學研討會」（王學忠也與會），我在會上發表一篇論文〈中國詩學的精神重建〉。（註一）對現代兩岸三地海內外中國人所寫的現代詩，做一粗淺的整理，論述個人一些淺見。該論文也依據若干資料，概略統計目前寫現代詩（新詩）的人，超過兩岸正規軍的總人數，極可能上看數百萬「詩人」。

沒錯，有「詩人」數百萬，可謂「新詩的大流行時代」。若要進一步定義「詩人」，可就複雜了，紙本和網路詩刊很多，也有不發表只做朋友間應酬，有形無形平台，都有「詩人」在經營。

這麼多「詩人」，每年所生產的詩作，總量可能上看一億首。這麼多的「詩」，百分之九十九大約「出生就是死亡」，三十年後還能「活著」，被人傳頌的作品，大概只有萬分之一。而能流傳百年以上的詩，更是稀有，「詩人」也是，一兩百年後，還有誰記著你的詩？記著你是一個真正的詩人。

「真正的詩人」就是一個很嚴肅的話題，王學忠有些散文常在討論詩人這個角色，尤其怎樣當一個現代「中國詩人」，王學忠是很堅持的。從他早期《未穿衣裳的年華》，到現在《愛得深沉》詩作，都感受到他對詩人所堅持的理念。他的使命感、他的天命，始終如一，從未動搖。賞讀〈真詩人〉。（註二）

真詩人
是繆斯與戰士的結合體
用平仄文字
作槍、作戟
書寫可歌可泣的時代
家國大事

真詩人
用真情寫詩
良知寫詩

視金錢如糞土
權力如糞土
充滿正氣、骨氣

真詩人
為人民寫詩
為那個創造了
精神與物資財富
卻把權力交給他人管理
憑力氣撈飯吃的群體寫詩

真詩人
面對人民的苦難
淚滴、血滴
從不背過臉去
像屈原「哀民生之多艱」

甚至愧恨而死

真詩人
也許一生潦倒
顛沛流離
卻精神富有
腰板挺得
比山峰還直

真詩人
站在社會風口寫詩
跳入時代大潮寫詩
披荊斬棘
每一朵浪花
都是鏗鏘的詩句……

這首詩可以看成王學忠對「怎樣當一個真詩人？」，六段正是六個必須具備的條件，深入理解這些「條件」的內涵。㈠詩人和戰士合體、㈡用真情良知寫詩、㈢為人民寫詩、㈣至死也不迴避人民的苦難、㈤無畏窮困潦倒、㈥站在社會風口寫詩。這條件很高，現在台面上的詩人，一百個可能要淘汰九十個，只有十個詩人合乎這六大條件得稱「真詩人」。

在近幾期的《工農文學》，王學忠有些文章也在闡述六大條件的理念。如二〇二〇年第一期紀念魏巍百年、第三期談《詩建設》（註三）、第四期簡論雁翼詩歌。

二〇二一年第一期批判純文藝、〈中國文壇亂象思索與剖析〉，第二期批判「改紅歌」、第三期談「寫進詩史」。二〇二二年第一期〈詩人要說真話〉、憶恩師李成瑞等作品，都表達了做為「真詩人」的強烈信念。在他的理念中，真詩人是不可動搖的天命。在真詩人的反面，就是〈偽詩人〉。（註四）

偽詩人
用平仄文字做遊戲
捻斷數根鬚

搜腸刮肚
費盡心思
只為私情、私欲

偽詩人
把繆斯做裝飾
做梯子
在通往仕途的路上
封妻蔭子的路上
追名逐利

偽詩人寫詩
好似奸商牟利
看上司臉色寫詩
迎合需要寫詩
面對人民的苦難

置之不理

偽詩人寫的詩
像飛揚的柳絮
紙扎的馬
土柸壘的房子
時間久了
什麼都不是

偽詩人
愛以詩人自詡
組成一個個小圈子
相互吹噓
寫肉體、肉欲
還美其言純詩

偽詩人
在象牙塔裡寫詩
用花花腸子寫詩
詩為何物
人民乃詩之魂魄
渾然不知……

偽詩人，是假的詩人，不是詩人。如何判定？觀其人其詩，也出現六個現象（條件），㈠寫詩當遊戲，為私情私欲、㈡把繆斯當追名逐利的梯子、㈢寫詩如奸商牟利，不顧人民苦難、㈣作品經不起時間考驗、㈤在小圈裡自詡，寫肉體肉欲、㈥躲在象牙塔裡，不知人民才是詩之魂魄。這些現象，現在台面上的詩人，若要「對號入座」，一一檢討，應該也不少。

打開幾千年中國詩史，從《詩經》、屈原、李白、杜甫、蘇東坡，乃至現代王學忠常提到的艾青、魏巍等，作品能夠流傳都是「真詩人」作品；反之，「偽詩人」作品，不出幾年，便什麼都不是，無人記得，如何流傳？

在《工農文學》二〇二〇年第二期，〈有的人寫詩〉一詩，王學忠則從真、偽兩面述之，「有的人寫詩／用的是閑情逸致／寫寫東家的鴨……有的人寫詩／是用生命種詩」「人活著詩已死、人死詩不死」。（註五）如何能夠「人死詩不死」，相信是許多真詩人所追尋！

筆者最近略為整理，出版《中國新詩百年名家作品欣賞》（註六）。選入約百位名家（因資料不足，尤其一九八〇年之後四十年，大陸詩人作品在台灣幾乎看不見，所以該書並不客觀，只針對我手上有的選讀。）該書也選入王學忠，但若以王學忠真、偽詩人各條件，評述所選入的各名家，幾乎絕大多數入列「真詩人」。

只有徐志摩漂移在「灰色地帶」，他的詩沒有人民的苦難（他的時代人民苦難多），他也不寫國家民族社會。他只關心自己的愛情，因此他的詩多是私情、私欲、肉體、肉欲。（他被後世評為「情詩聖手」）但數十年來，詩評家對徐詩評價很高，他的作品流傳也很廣。

為何？徐詩不具備「真詩人」六個條件，反而有些很接近「偽詩人」現象，但他的詩絕不「偽」，句句都是為情為愛的「真性情」。由此觀之，他又是一位「真詩人」，由於他有爆表的真性情，願意為愛而生、為愛而死，雖不為人民寫詩，仍有許多崇拜者，再過二百年，不知如何？就由以後的人評述了！

註　釋

註一　陳福成，《洄游的鮭魚》（台北：文史哲出版社，二〇一〇年元月）。

註二　王學忠，〈真詩人〉，《愛得深深》（北京：團結出版社，二〇一八年十二月），頁七七—七八。

註三　按王學忠在《工農文學》二〇二〇年第三期的卷首語，《詩建設》聯想一文。《詩建設》是抗日戰爭時期，幾個八路軍戰士在普察冀前線陣地，編印的一份油印詩刊，主要作者有田間、邵子南、魏巍、方冰、陳輝、孫犁等，由田間、邵子南、魏巍擔任編輯，出刊近百期。一九五九年，魏巍從殘存的一部分《詩建設》（大部分已散失），整理出二十八人、一百八十首詩歌，出版了一本由聶榮臻題詞，他自己作序的《普察冀詩抄》。在這短文中，王學忠也提到胡風說：「詩人與戰士是一個神的兩個化身」，在〈真詩人〉的第一條件，是「是繆斯與戰士的結合體」，均見王學忠受前輩詩人影響很大。

註四　王學忠，〈偽詩人〉，同註二，頁七九—八〇。

註五　王學忠，〈有的人寫詩〉，《工農文學》二〇二〇年第二期，頁一八。

註六　陳福成，《中國新詩百年名家作品欣賞》（台北：文史哲出版社，二〇二二年元月）。

陳福成著作全編總目

壹、兩岸關係

①決戰閏八月
②防衛大台灣
③解開兩岸十大弔詭
④大陸政策與兩岸關係

貳、國家安全

⑤國家安全與情治機關的弔詭
⑥國家安全與戰略關係
⑦國家安全論壇。

參、中國學四部曲

⑧中國歷代戰爭新詮
⑨中國近代黨派發展研究新詮
⑩中國政治思想新詮
⑪中國四大兵法家新詮：孫子、吳起、孫臏、孔明

肆、歷史、人類、文化、宗教、會黨

⑫神劍與屠刀
⑬中國神譜
⑭天帝教的中華文化意涵
⑮奴婢妾匪到革命家之路：復興廣播電台謝雪紅訪講錄
⑯洪門、青幫與哥老會研究

伍、詩〈現代詩、傳統詩〉、文學

⑰幻夢花開一江山
⑱赤縣行腳・神州心旅
⑲「外公」與「外婆」的詩
⑳尋找一座山
㉑春秋記實
㉒性情世界
㉓春秋詩選
㉔八方風雲性情世界
㉕古晟的誕生
㉖把腳印典藏在雲端
㉗從魯迅文學醫人魂救國魂說起
㉘六十後詩雜記詩集

陸、現代詩（詩人、詩社）研究

㉙三月詩會研究
㉚我們的春秋大業：三月詩會二十年別集
㉛中國當代平民詩人王學忠
㉜讀詩稗記
㉝嚴謹與浪漫之間
㉞一信詩學研究：解剖一隻九頭詩鵠
㉟囚徒
㊱胡爾泰現代詩臆說
㊲王學忠籲天詩錄

柒、春秋典型人物研究、遊記

㊳山西芮城劉焦智「鳳梅人」報研究
㊴在「鳳梅人」小橋上
㊵我所知道的孫大公

㊶為中華民族的生存發展進百書疏
㊷金秋六人行
㊸漸凍勇士陳宏

捌、小說、翻譯小說

㊹迷情・奇謀・輪迴、
㊺愛倫坡恐怖推理小說

玖、散文、論文、雜記、詩遊記、人生小品

㊻一個軍校生的台大閒情
㊼古道・秋風・瘦筆
㊽頓悟學習
㊾春秋正義
㊿公主與王子的夢幻、
(51)洄游的鮭魚
(52)男人和女人的情話真話
(53)台灣邊陲之美
(54)最自在的彩霞
(55)梁又平事件後

拾、回憶錄體

(56)五十不惑
(57)我的革命檔案
(58)台大教官興衰錄
(59)迷航記、
(60)最後一代書寫的身影
(61)我這輩子幹了什麼好事
(62)那些年我們是這樣寫情書的
(63)那些年我們是這樣談戀愛的
(64)台灣大學退休人員聯誼會第九屆理事長記實

拾壹、兵學、戰爭

(65)孫子實戰經驗研究
(66)第四波戰爭開山鼻祖賓拉登

拾貳、政治研究

(67)政治學方法論概說
(68)西洋政治思想史概述
(69)中國全民民主統一會北京行
(70)尋找理想國：中國式民主政治研究要綱

拾參、中國命運、喚醒國魂

(71)大浩劫後：日本 311 天譴說 日本問題的終極處理
(72)台大逸仙學會

拾肆、地方誌、地區研究

(73)台北公館台大地區考古・導覽
(74)台中開發史
(75)台北的前世今生
(76)台北公館地區開發史

拾伍、其他

(77)英文單字研究
(78)與君賞玩天地寬（文友評論）
(79)非常傳銷學
(80)新領導與管理實務

2015 年 9 月後新著

編號	書　　　　名	出版社	出版時間	定價	字數（萬）	內容性質
81	一隻菜鳥的學佛初認識	文史哲	2015.09	460	12	學佛心得
82	海青青的天空	文史哲	2015.09	250	6	現代詩評
83	為播詩種與莊雲惠詩作初探	文史哲	2015.11	280	5	童詩、現代詩評
84	世界洪門歷史文化協會論壇	文史哲	2016.01	280	6	洪門活動紀錄
85	三搞統一：解剖共產黨、國民黨、民進黨怎樣搞統一	文史哲	2016.03	420	13	政治、統一
86	緣來艱辛非尋常－賞讀范揚松仿古體詩稿	文史哲	2016.04	400	9	詩、文學
87	大兵法家范蠡研究－商聖財神陶朱公傳奇	文史哲	2016.06	280	8	范蠡研究
88	典藏斷滅的文明：最後一代書寫身影的告別紀念	文史哲	2016.08	450	8	各種手稿
89	葉莎現代詩研究欣賞：靈山一朵花的美感	文史哲	2016.08	220	6	現代詩評
90	臺灣大學退休人員聯誼會第十屆理事長實記暨 2015～2016 重要事件簿	文史哲	2016.04	400	8	日記
91	我與當代中國大學圖書館的因緣	文史哲	2017.04	300	5	紀念狀
92	廣西參訪遊記（編著）	文史哲	2016.10	300	6	詩、遊記
93	中國鄉土詩人金土作品研究	文史哲	2017.12	420	11	文學研究
94	暇豫翻翻《揚子江》詩刊：蟾蜍山麓讀書瑣記	文史哲	2018.02	320	7	文學研究
95	我讀上海《海上詩刊》：中國歷史園林豫園詩話瑣記	文史哲	2018.03	320	6	文學研究
96	天帝教第二人間使命：上帝加持中國統一之努力	文史哲	2018.03	460	13	宗教
97	范蠡致富研究與學習：商聖財神之實務與操作	文史哲	2018.06	280	8	文學研究
98	光陰簡史：我的影像回憶錄現代詩集	文史哲	2018.07	360	6	詩、文學
99	光陰考古學：失落圖像考古現代詩集	文史哲	2018.08	460	7	詩、文學
100	鄭雅文現代詩之佛法衍繹	文史哲	2018.08	240	6	文學研究
101	林錫嘉現代詩賞析	文史哲	2018.08	420	10	文學研究
102	現代田園詩人許其正作品研析	文史哲	2018.08	520	12	文學研究
103	莫渝現代詩賞析	文史哲	2018.08	320	7	文學研究
104	陳寧貴現代詩研究	文史哲	2018.08	380	9	文學研究
105	曾美霞現代詩研析	文史哲	2018.08	360	7	文學研究
106	劉正偉現代詩賞析	文史哲	2018.08	400	9	文學研究
107	陳福成著作述評：他的寫作人生	文史哲	2018.08	420	9	文學研究
108	舉起文化使命的火把：彭正雄出版及交流一甲子	文史哲	2018.08	480	9	文學研究

109	我讀北京《黃埔》雜誌的筆記	文史哲	2018.10	400	9	文學研究
110	北京天津廊坊參訪紀實	文史哲	2019.12	420	8	遊記
111	觀自在綠蒂詩話：無住生詩的漂泊詩人	文史哲	2019.12	420	14	文學研究
112	中國詩歌墾拓者海青青：《牡丹園》和《中原歌壇》	文史哲	2020.06	580	6	詩、文學
113	走過這一世的證據：影像回顧現代詩集	文史哲	2020.06	580	6	詩、文學
114	這一是我們同路的證據：影像回顧現代詩題集	文史哲	2020.06	540	6	詩、文學
115	感動世界：感動三界故事詩集	文史哲	2020.06	360	4	詩、文學
116	印加最後的獨白：蟾蜍山萬盛草齋詩稿	文史哲	2020.06	400	5	詩、文學
117	台大遺境：失落圖像現代詩題集	文史哲	2020.09	580	6	詩、文學
118	中國鄉土詩人金土作品研究反響選集	文史哲	2020.10	360	4	詩、文學
119	夢幻泡影：金剛人生現代詩經	文史哲	2020.11	580	6	詩、文學
120	范蠡完勝三十六計：智謀之理論與全方位實務操作	文史哲	2020.11	880	39	戰略研究
121	我與當代中國大學圖書館的因緣（三）	文史哲	2021.01	580	6	詩、文學
122	這一世我們乘佛法行過神州大地：生身中國人的難得與光榮史詩	文史哲	2021.03	580	6	詩、文學
123	地瓜最後的獨白：陳福成長詩集	文史哲	2021.05	240	3	詩、文學
124	甘薯史記：陳福成超時空傳奇長詩劇	文史哲	2021.07	320	3	詩、文學
125	芋頭史記：陳福成科幻歷史傳奇長詩劇	文史哲	2021.08	350	3	詩、文學
126	這一世只做好一件事：為中華民族留下一筆文化公共財	文史哲	2021.09	380	6	人生記事
127	龍族魂：陳福成籲天錄詩集	文史哲	2021.09	380	6	詩、文學
128	歷史與真相	文史哲	2021.09	320	6	歷史反省
129	蔣毛最後的邂逅：陳福成中方夜譚春秋	文史哲	2021.10	300	6	科幻小說
130	大航海家鄭和：人類史上最早的慈航圖證	文史哲	2021.10	300	5	歷史
131	欣賞亞媺現代詩：懷念丁穎中國心	文史哲	2021.11	440	5	詩、文學
132	向明等八家詩讀後：被《食餘飲後集》電到	文史哲	2021.11	420	7	詩、文學
133	陳福成二〇二一年短詩集：躲進蓮藕孔洞內乘涼	文史哲	2021.12	380	3	詩、文學
134	中國新詩百年名家作品欣賞	文史哲	2022.01	460	8	新詩欣賞
135	流浪在神州邊陲的詩魂：台灣新詩人詩刊詩社	文史哲	2022.02	420	6	新詩欣賞
136	漂泊在神州邊陲的詩魂：台灣新詩人詩刊詩社	文史哲	2022.04	460	8	新詩欣賞
137	陸官 44 期福心會：暨一些黃埔情緣記事	文史哲	2022.05	320	4	人生記事
138	我躲進蓮藕孔洞內乘涼--2021 到 2022 的心情詩集	文史哲	2022.05	340	2	詩、文學
139	陳福成 70 自編年表：所見所做所寫事件簿	文史哲	2022.05	400	8	傳記
140	我的祖國行腳詩鈔：陳福成 70 歲紀念詩集	文史哲	2022.05	380	3	新詩欣賞

141	日本將不復存在：天譴一個民族	文史哲	2022.06	240	4	歷史研究
142	一個中國平民詩人的天命：王學忠詩的社會關懷	文史哲	2022.07	280	4	新詩欣賞

陳福成國防通識課程著編及其他作品

（各級學校教科書及其他）

編號	書　　名	出版社	教育部審定
1	國家安全概論（大學院校用）	幼　獅	民國 86 年
2	國家安全概述（高中職、專科用）	幼　獅	民國 86 年
3	國家安全概論（台灣大學專用書）	台　大	（臺大不送審）
4	軍事研究（大專院校用）（註一）	全　華	民國 95 年
5	國防通識（第一冊、高中學生用）（註二）	龍　騰	民國 94 年課程要綱
6	國防通識（第二冊、高中學生用）	龍　騰	同
7	國防通識（第三冊、高中學生用）	龍　騰	同
8	國防通識（第四冊、高中學生用）	龍　騰	同
9	國防通識（第一冊、教師專用）	龍　騰	同
10	國防通識（第二冊、教師專用）	龍　騰	同
11	國防通識（第三冊、教師專用）	龍　騰	同
12	國防通識（第四冊、教師專用）	龍　騰	同

註一　羅慶生、許競任、廖德智、秦昱華、陳福成合著，《軍事戰史》（臺北：全華圖書股份有限公司，二〇〇八年）。

註二　《國防通識》，學生課本四冊，教師專用四冊。由陳福成、李文師、李景素、頊臺民、陳國慶合著，陳福成也負責擔任主編。八冊全由龍騰文化事業股份有限公司出版。